文學的「內部研究」與「外緣研究」

「外緣研究」

—— 從「文字」到「抒情」與「批評」

張 雙 英 著

文 史 哲 學 集 成

文史哲出版社印行

國家圖書館出版品預行編目資料

文學的「內部研究」與「外緣研究」：從「
　文字」到「抒情」與「批評」/張雙英著--初
　版-- 臺北市：文史哲，民 105.02
　　　頁；　　公分（文史哲學集成；680）
　　ISBN 978-986-314-287-4（平裝）

　1.中國文學　2.台灣文學　3.文學評論

820.7　　　　　　　　　　　105000190

文史哲學集成　680

文學的「內部研究」與「外緣研究」
― 從「文字」到「抒情」與「批評」

著　　　者：張　　　雙　　　英
出　版　者：文　史　哲　出　版　社
　　　　　　http://www.lapen.com.tw
　　　　　　e-mail：lapen@ms74.hinet.net
登記證字號：行政院新聞局版臺業字五三三七號
發　行　人：彭　　　正　　　雄
發　行　所：文　史　哲　出　版　社
印　刷　者：文　史　哲　出　版　社
　　　　　　臺北市羅斯福路一段七十二巷四號
　　　　　　郵政劃撥帳號：一六一八〇一七五
　　　　　　電話886-2-23511028・傳真886-2-23965656

定價新臺幣三〇〇元

二〇一六年（民一〇五）二月初版

ISBN 978-986-314-287-4　　　　00680

自　序

　　大約四十年前，筆者在國內就讀中國文學研究所時，所裡有不少師長和同學們認為，系統化的文學研究－亦即「文學理論」－應該是國內的中文學界可以認真加強的領域。碩士畢業後，筆者乃負笈美國，就是希望去專攻「文學理論」。到了美國，在我當面向指導教授報告這一學習計畫後，他好意地安排我去向一位比較文學學系的美國教授請教，應該選取何種研究進路才能在這方面學有所成？沒想到那位美國教授回答我的第一句話竟然是：「根本沒有『文學理論』這種東西！」當場把我嚇了一大跳！經過數年的沉潛學習，我終於明白那位美國教授的說法其實是當時極端反對「新批評」學派的主要觀念與態度。

　　「新批評」係源自二十世紀初的俄國「形式主義」，稍後流行於英、美兩國文壇的新興學說。它的主要論述，正是強力批判將「作者」視為文學研究中心的思潮。這一論述堅決主張：「文學研究」的重心乃是「文學作品」，包括組成「作品」的語文特色與結構的技巧、性質和效果等，因而「反諷」（irony）、「悖論」（paradox）、「張力」（tension）、「有機結構」（organic structure）、「意圖謬誤」（intentional fallacy）、…等等這些用來深入分析「作品」，同時否認「作

者」對「作品」具有影響力的術語乃大行其道。這派學者認為「文學研究」既已含有「新批評」這種系統化的分析和講求證據的論述，當然符合「科學」所要求的條件，也因此應該可以稱為「理論」。他們甚至進而宣稱：「文學作品」才是文學的「本體」，而以此「本體」為對象的研究，則稱為文學的「內部研究」（intrinsic study）；至於其他與「作品」有關的「作者」、「讀者」與「時代和環境」等的研究，則應全部劃入文學的「外緣研究」（extrinsic study）的範圍。

這一學派所提出的見解當然含有若干卓識，並且在了解「文學」的深度上也的確有些助益。然而，它們卻有過度偏狹與激進的缺失；因為以「作者」、「讀者」與「時代和環境」等被這派學者認為屬於「外緣研究」的論述，雖然無法像「新批評」解析「作品」一樣，即探討立場大致可做到全然客觀，論述過程也處處依循公式，但它們也非完全主觀，更非只憑直覺，它們在論述方式上也強調要符合邏輯，在引述論據上也非常重視充分和可靠。因此，假使我們所期待的是一種周延的「文學研究」，那麼同時可兼顧「文學」的「內部」與「外緣」，甚至將它們融合為一的方式，豈不正符合這種要求？

基於這一理念，筆者回到國內的母校任教之後，也把達成此一目標列為努力的重點；而數十年來，在這領域裡比較自得的收穫則可歸納為三項：一，從「文學範圍的涵蓋面」入手，借鏡艾布蘭斯與劉若愚兩位學者的用語，以「文學作品」、「作者」、「讀者」與「時代和環境」為「文學」的四項要素，據以彙整出一幅可將「它們」都統攝進去的「文

學理論產生架構圖」，使每一種文學理論都能在四要素間找到確切的「關係位置」。二，將現代與當代（尤其是西方世界）所有的「文學理論」在四要素間標示出其位置後，再以之為基，詳細說明該「理論」的內涵、特色與意義。三、在引介和說明前兩項「純理論」之外，也嘗試把它們運用到文學的「研究」上，包括對作品的闡釋與理論的解析，而且不拘限於任何文類，並將現代與古代都包含在內。

隨著年齡漸長，閱歷日增，筆者讀的書已比以前稍多，視野也逐漸開闊，心境也漸趨圓熟。這一現象，使筆者近年來的「文學研究」經常將語言、文字、文學、美學、文化與歷史等鎔於一爐，且把「文學作品」、「作者」、「讀者」與「時代與環境」等因素匯合齊論。這本小著作，即是筆者近年來有關「文學」的「內部研究」與「外緣研究」的若干成果。具體來說，第一篇〈從「中國文字」的造字觀念與理解方式論「中文」的「適詩性」－自「四象」、「象形」到「意象」與「象徵」〉即屬於「內部研究」，它從中國古代人辨識外在世界的過程入手，論證「中國文字」（指「漢字」）的主要特色應非一般人所認識的以「象形字」為主，因為若將思想史上的「太極」、「兩儀」、「四象」與「八卦」等，和「象形」、「指事」、「形聲」、「會意」、「轉注」與「假借」等六種造字與用字方法合觀，「中國文字」的「符號性」－也就是「多義」的性質－將會清楚的顯現出來；同時，由此特色衍生出來的結果之一，可證明「四象」、「象形」、「意象」與「象徵」四者實具有密切的關係；我們甚至可由此推論出：「中國文字」含有非常適合用來創作「詩

歌」的特質。

至於書中的其他各篇則都可歸類為「外緣研究」，例如第三篇〈「言志道」與「悅情性」－論白居易的「詩觀」，兼評台灣的「中國抒情傳統論」〉與第六篇〈周夢蝶詩風析論－以其人生歷程為基〉便是將「作品」與其「作者」結合並論的研究。不過，筆者在此想特別強調的是第二篇〈台灣的「中國抒情傳統論」評析〉，因它的論題「中國抒情傳統」，對台灣近六十年來的中國文學批評實在影響巨大。筆者的方法是將它與第三篇〈「言志道」與「悅情性」－論白居易的「詩觀」，兼評台灣的「中國抒情傳統論」〉及第六篇〈周夢蝶詩風析論－以其人生歷程為基〉合觀。透過這三篇論文，筆者首先指出：中國古代的「詩人」因多兼具儒者、知識分子與官員等多重身分，故而常把「經世濟民」視為最崇高的懷抱與理想，並因而形成希望藉由「創作詩歌」來表達「為國與為民服務」的「志向」之習慣，而這也就是自「詩大序」以降的中國古典詩歌的「言志傳統」。當然，古代詩人並非不了解「寫詩」亦可將個人「內心」中的抑鬱與憂悶抒發出來，只是對他們言，「抒情」實屬「個人」或與少數知交好友間互動的「私事」。這兩種寫詩的背景與目的，我們可以從一輩子都在「寫詩」的唐朝大詩人白居易的生命歷程中看得很清楚。相對的，現代詩人周夢蝶也是長年「寫詩」的重要詩人，而他寫的則多屬「抒情詩」，這原因很容易了解，就是周氏不但是「現代」人，而且是一位「純粹的」詩人，他已不像古代詩人般兼具有官員與儒者等身分。據此，筆者認為把「抒情」視為「中國古典詩歌歷史」（有人將其範圍

擴大為整個文學、甚至涵蓋其他藝術）上「最光榮的傳統」
實有昧於史實之嫌。事實上，若我們仔細閱讀主張此說的現
代學者在這一課題的立論視角與闡述方式，似可發現它們和
「符號學」、「闡釋學」與「讀者反應理論」等現代「西方」
文學理論有頗多相似之處。

　　此外，這本小書也收入一篇筆者考察台灣二十世紀後半
葉的「中國文學批評與研究」的報告，它的內容揭示了在這
段時間裡，台灣的每一年代所關注的文學批評焦點與研究成
果並不全同。因此，我們若將前述「重視抒情傳統」的現象
放到這一範圍裡來觀察，應該會同意此一說法的起因與內涵
都有再探討必要！另外，「現代詩人」在創作新詩上具有那
些重要的特色？這些特色是否與台灣現代文壇裡普遍出現的
作家常身兼批家、學者、教授等不同的身分有關？在眾多的
現代散文與小說作品中，有那些是含有比較深刻意涵的集子
與作品？它們的主要內容與特色何在？…等問題，筆者在書
中都提出了個人的淺見；其固陋之處自然難免，但筆者仍衷
心盼望這些看法能提供給同好們些許的參考。

　　由於這本書的範圍兼括了「文學」的「內部研究」與「外
緣研究」，而論述重點則在「文字」、「抒情」與「批評」
上，故而乃以其為書名。只是這樣一本以論證和闡釋為主的
書能有機會與讀者見面，筆者必須向文史哲出版社的創辦人
彭正雄先生的慨允支持致上由衷的謝忱！

　　　　　　　淡江大學中國文學系教授張雙英誌於台北寓所
　　　　　　　2016 年 2 月

6　文學的「內部研究」與「外緣研究」

文學的「內部研究」與「外緣研究」

—— 從「文字」到「抒情」與「批評」

目　　次

從「中國文字」的造字觀念與理解方式論「中文」的「適詩性」

── 自「四象」、「象形」到「意象」與「象徵」

一、「意象」、「象徵」與「詩歌」

　　在數千年的中國文學史裡，出現了許多不同的文學體裁，譬如：詩、賦、詞、曲、志怪、傳奇、戲劇、小說等，而其中的「詩歌」體不僅出現甚早，而且也不曾中斷過；或許即因此之故，中國乃常被稱為「詩的國度」。中國詩歌會擁有這一特色的原因固然甚多，包括：具有強烈的政治實用性，能穩定人倫與教化的影響力等；但是，「中國文字」的「根本性質」卻可能扮演著更為重要的角色，因為「中國詩歌」，特別是「古典詩歌」，雖含有分明的節奏、悅耳的音律、整齊的對偶等特質，但具有鮮明生動的「意象」與涵義豐富的「象徵」更是兩大要件，而它們都與「中國文字」的性質有關。黃永武在《中國詩學 ── 設計篇》裡說：「大凡

一首詩，能令意象逼真、栩栩欲動、一層不隔，就是一首有神韻的好詩。」其中的「意象」，就是指詩人的「心中之意」與其「身外物象」融合無間的意思。至於「象徵」，張輔良在《古典詩歌表現手法系列鑑賞》裡說：「象徵是古典詩歌中慣用的手法，…通過特定的容易引起聯想的具體形象，表現某種概念、思想和感情的敘述手法。象徵體和本體之間存在著某種相似的特點，可以借助讀者的想像和聯想把它們聯繫起來。」更具體地說，它是一種詩人藉著突出某一「事物的外在特徵」，來寄寓「自己的深刻情思或意念」，進而「引發讀者的聯想」，並領悟出近似詩人在詩中想要表達的意涵之藝術手法。本文的目的就是希望從這一面向切入，來探討「中國文字」在形成過程中所隱含的「詩性本質」。

二、「中國文字」的「符號性質」

許多人以為，「中國文字」（此指「漢字」，以下全同）與西方文字的最大差別，在「中文」多屬單音節的「象形文字」，而西方則是用字母的聲音來拼組成的多音節文字；同時，中文是靠「字形」來表達意思，而西文的意思則是靠「聲音」來傳達。這種看法的產生，可能是受到東漢時代的許慎（約58-147）在中國第一部字書《說文解字》的「敘」裡所說的：「倉頡之初作書，蓋依類象形，故謂之文。其後形聲相益，即謂之字。」所影響，因這段文字清楚地指出「象形」與「形聲」為兩種「中文」裡最根本的「字體」，而「形」正是它們共同的組成要素；也就是說，它們都是依照事物的

「形體」所畫出來的。不過,這種基於中、西比較而得的對中文的看法,因不是以全部的「中國文字」為觀察範圍,而且「中文」所「象」的對象,實兼括有外在形貌的「人」、「物」,以及並無形貌的各種抽象的「現象」,所以這種看法顯然不夠周延與深刻。

　　「比較」的方式既然可將雙方的特色都凸顯出來,而「文字」與「語言」兩個名稱又常互用不分,所以本文乃希望先參考西方的「語言符號學」理論,來說明「中國文字」在造字與用字上的主要觀念。

　　瑞典的語言學家索緒爾(Ferdinand de Saussure, 1857-1913)被尊稱為「現代語言學之父」。他的語言學理論不但影響深遠,而且特色甚多;其中,有三項論點與本文有關,所以值得在此特別提出。首先,他將過去的語言學主流「歷時性研究」(diachronic study)轉變成「共時性研究」(synchronic study),使語言學的研究重心從「探討後代的語言是如何傳承自其前代語言」,轉移到專注於對「當代語言現象」的研究。他認為,即便身處同一個時代,每人的講話方式(parole,譯為「言語」)也與他人不同,因此,變動、複雜且無規則可循乃成為「言語」的普遍特質,也很難讓人自其中歸納出穩定的規律,於是他乃力主語言研究的重心應是人人都須遵守、使彼此能夠溝通的同一套「語言規約」(langue,譯為「語言」)。索氏這一主張提出之後,語言學的研究重心便轉到語言如何進入人群、面對社會、落實於人們的生活作息裡了。

　　其二,索緒爾把「語言」視為「符號」(sign)。在他

的「現代語言學」出現之前，人們多認為「語言」的主要功
能在指稱與描述早已存在的「現實世界」，同時，「語言」
和「現實世界」的關係乃是相對應的，即一個名詞指一件物
品，一個動詞指一個動作、…等等。但索氏認為，「語言」
乃是一種由人所創造出來的「符號」，而「語言世界」則相
當於一個「符號系統」。在這個系統中，每一個「語言符號」
稱為「能指」（signifier）；而在「現實世界」中，與「能指」
相對應的實際對象，也就是所「指稱的對象」，則稱為「指
涉」（reference）。同時，這一系統中還有一種符號，稱為
「所指」（the signified），是人們接觸到「能指」（即「語
言符號」）之後，在他的腦海裡所產生的與該「能指」相對
應的「認知或感悟」。索緒爾指出，當把語言放入人們的實
際生活中來觀察時，必可發現同一個現實世界裡的「指涉」
對象（即「實際物品」，如一般所說的「車子」）不僅在不
同的語言系統裡會有不一樣的「能指」（即「表達用的語文」，
如中文的「車」字、英文的「car」字），而且在不同的社會
群體中也會產生不同的「所指」（譬如「沒有車」代表「寒
酸」，「有車」則代表「富有」之類的認知），所以它們三
者之間的關係，絕非過去人們所認知的一對一的、而且是必
然的關係。若將這三者置於人類的實際生活中來看，則「能
指」與「所指」兩者就是「說話者」與「聽者」的關係，或
「書寫者」與「讀者」的關係，所以和人們的實際生活最為
密切。

　　其三，索緒爾指出，當每一個「語言符號」被視為「能
指」時，其根本性質為「多重義涵」。但這並非說，每個「能

指」都不可能有確切的含意，因為它的確切含意是可以由它在「符號系統」中的位置來確認的。這是因為當「能指」被放入語言系統（即它們所歸屬的句子）裡面時，必有自己的特定「位置」，而不同的「能指」則因「位置」上的「差異」所產生的相互制約作用，乃在這個系統裡擁有自己的確切含意。

根據這一理論，當「文字」被視為「符號」時，「多義性」乃成為該系統的「文字」必定擁有的特質。

三、「四象」及「八卦」的符號性

許慎是東漢著名的經學家，更是為後代的「中國文字」研究奠定了深厚基礎的文字學名家。他在《說文解字》的「敘」裡一開頭就寫道：

> 古者庖犧氏之王天下也，仰則觀象於天，俯則觀法於地，觀鳥獸之文與地之宜，近取諸身，遠取諸物，於是始作《易・八卦》，以垂憲象。…黃帝之史倉頡，見鳥獸蹄迒之跡，知分理之可相別異也，初造書契。

這段引文不僅對中國文學批評、書法、繪畫等都產生了重大的影響，更被視為中國文字學研究的開山之說。但它其實係援引自周朝的《易傳・繫辭》。作為中國文字學研究的啟航者，許慎在引用它來做為《說文解字》的「序言」時，已暗示了他認同被後代推尊為「三皇」之一的「庖犧氏」所

作的「八卦」，以及「五帝」中的「黃帝」之史官「倉頡」所創的「書契」兩者，乃是形成中文系統的淵源。因有關「八卦」的解釋，在古代的文獻中以「儒家」與「道家」兩家之說比較詳細，所以底下便以這兩家的學說為闡述重點。

　　《說文解字》中的這段引文與《易傳》裡的原文雖有少許差異，但因與本文的論題無涉，所以在此謹存而不論。《易傳》是一本解釋與闡述《周易》的書。我們都知道，漢武帝鑒於儒家思想對治理國家甚有助益，乃獨尊儒術，將《易》、《詩》、《書》、《禮》、《春秋》等五部儒家典籍立為官學，稱為「五經」，也就是五部官方認定的對經世濟民非常有幫助的經典。在這五部影響中華文化非常深廣的古代經典中，《易經》常被視為群經之首。根據東漢經學家鄭玄（127-200）在其〈易論〉中的解釋，「易」字有「簡易」、「變易」與「不易」等三種涵義，是一個統括了宇宙萬物的存在與運行之道的「字」，也是《易經》的主要內容。值得注意的是，在《周禮‧春官》裡有「大卜」之官，其職為掌管「三易之法，一曰連山，二曰歸藏，三曰周易。」可見《易經》原本包括《連山》、《歸藏》和《周易》等「三易」，但因前兩者已經失傳，所以後來所通稱的《易經》，其實僅指《周易》而已。《周易》大約成書於西周時期，只是在時代的推移下，其文字逐漸無法辨識，義涵也難以了解，所以到了春秋戰國時期，便有人（有「孔子」、或「群體」等不同的說法）撰寫了〈彖傳〉（上、下）、〈象傳〉（上、下）、〈繫辭傳〉（上、下）、〈文言傳〉、〈序卦傳〉、〈說卦傳〉、〈雜卦傳〉等十篇解釋與闡述《周易》的文字，統稱

為「十翼」，而被後世稱為《易傳》，並收入《易經》之中。

上述引文明指「八卦」的作者為「庖犧氏」，相傳是上古時代的「三皇」之一。但「三皇」所統轄的年代與庖犧氏的事蹟為何？…等問題，因年代過於久遠，且文獻也不足以考徵，所以已經無從確知。不過，該段引文卻包含了創造中文的兩大課題：「八卦」的「主要內涵」及其「創作過程」。因其文簡意賅，所以底下乃稍加疏解。

首先，讓我們引述幾段古代的文獻資料如下：

（一）《易傳·繫辭》：「易有太極，是生兩儀，兩
　　　儀生四象，四象生八卦。」
（二）《易傳·繫辭》：「一陰一陽之謂道。」
（三）《易傳·繫辭》：「道有變動,故日爻。」
（四）《老子》：「有物混成，先天地生。寂兮寥兮，
　　　獨立而不改，周行而不殆，可以為天下母。吾
　　　不知其名，字之曰道。」
（五）《老子》：「道生一，一生二，二生三，三生
　　　萬物。萬物負陰而抱陽，冲氣以為和。」

根據這些資料，「八卦」的過程應該可梳理為：

1、「天地」存在之前，即有一狀態渾沌的「物」，它具有獨立而永不改變的性質，並以循環的方式運行不止。它可視為「天地」之母，而在《老子》中被稱之為「道」，在《易傳》裡則被稱為「太極」。

2、這個渾沌狀態的「道」，後來析離為一個暗色的「陰」

和一個明色的「陽」；因它們已有外形容儀可資辨識，所以稱為「兩儀」。

3、「道」的變動稱為「爻」，因而「陰」和「陽」乃稱為「陰爻」和「陽爻」；而若以「符號」來表示，「陽爻」為奇數的橫形實畫（—），而「陰爻」則為並排成偶數的橫形斷畫（--）。

4、由於「兩儀」太過簡略，無法詳細呈現宇宙萬象，故而乃以「陰爻」和「陽爻」疊合的方式來顯現更為明確的內容。「四象」，就是在「陽爻」之上分別加上一個「陽爻」與一個「陰爻」，而形成「⚌」與「⚎」，前者稱為「太陽」而後者稱為「少陰」；以及在「陰爻」之上分別加上一個「陽爻」與一個「陰爻」，而形成「⚍」與「⚏」，前者稱為「少陽」而後者稱為「太陰」。

5、以「上有天、下為地、人在其中」為基本觀念，於「四象」之上再分別疊上上一個「陽爻」與一個「陰爻」，而形成了八個由三個「爻」疊合而成的「卦象」，來象徵「天、地、人」融合在一起的八種狀態。在符號與名稱上，這「八卦」即是在「太陽」之上再加一「陽爻」，而成「☰」，稱為「乾」；再加一「陰爻」，而成「☱」，稱為「兌」。在「少陰」之上再加一「陽爻」，而成「☲」，稱為「離」；再加一個「陰爻」，而成「☳」，稱為「震」。在「少陽」之上再加一「陽爻」，而成「☴」，稱為「巽」；再加一「陰爻」，而成「☵」，稱為「坎」。在「太陰」之上再加一「陽爻」，而成「☶」，稱為「艮」；再加一「陰爻」，而成「☷」，稱為「坤」。

6、「八卦」形成之後，宇宙內的萬象便大抵都能表現出來了。

「乾、坤、坎、離、震、巽、艮、兌」等「八卦」之名，在《易傳‧繫辭》內已有記載。從「符號」的角度來看，它們都是由三個爻所組成；「爻」字有皎明、效果、交錯等不同涵意，但在「八卦」裡則應是指「交錯」之意。依據《說文解字‧敘》之說，在創作過程上，「庖犧氏」所作的《易‧八卦》乃是他「仰則觀象於天，俯則觀法於地，觀鳥獸之文與地之宜，近取諸身，遠取諸物。」而得的結果；也就是說，他創造「八卦」的第一步，就是「仰觀」與「俯觀」的「觀」字。由於《易傳》在上引《說文解字》的文句之後，更有：「聖人有以見天下之賾，而擬諸其形容，象其物宜，是故謂之象。」等句，故而使許多解釋家認定被「觀」的對象，應該是屬於擁有具體形貌者，而「觀」的意思，也就是用眼睛來「觀看」了。

然而，若我們讀得更仔細些，應不難發現上列引文中含有兩項非常重要的關鍵點：一，在被「觀」的對象中，雖有「鳥獸之文」、「地」、「身」與「物」等具有形體與外貌，所以能用眼睛來「觀」看，並據以畫出與其形貌相似的「象形字」；但是「天之象」與「地之法」等被「觀」的對象，卻是抽象的，因它們沒有具體且穩定的外形，所以不僅很難用眼睛來看出它們的外貌，更難將它們畫出圖像來。二，這段引文所要強調的重點，應該是關於被「觀」的對象在「活動狀態」中所呈現出來的「運行規則」，如「天象」、「地

法」等;也就是說,文中的「觀」字,除了指用眼來「觀看」這些對象在「靜止狀態時的外貌」之外,更重要的是須用心去「觀察」,並從對象的複雜「活動」中歸納出某些運行的規則。

　　根據這樣的理解,「八卦」應該可以被視為一套「符號系統」;在這一系統中,不但每一個「符號」被用來「代表」一種抽象的「象徵」涵義,而且若將它們「會合」起來,更會形成一個代表宇宙萬象的「符號世界」。譬如在自然界裡,「乾卦」被視為「天」的象徵,「坤卦」被視為「地」的象徵,「坎卦」被視為「水」的象徵,「離卦」被視為「火」的象徵,「震卦」被視為「雷」的象徵,「巽卦」視為「風」的象徵,「艮卦」被視為「山」的象徵,而「兌卦」則被視為「澤」的象徵。又如在家庭倫理上,「乾卦」被用來代表「父」,「坤卦」被用來代表「母」,「坎卦」被用來代表「中男」,「離卦」被用來代表「中女」,「震卦」被用來代表「長男」,「巽卦」被用來代表「長女」,「艮卦」被用來代表「少男」,而「兌卦」則被用來代表「少女」。…等。這些由「觀」而得的「卦象」,顯然是屬於並沒有「形貌」可見的抽象概念,是由創作者先從他(們)想要描述的對象在涵蓋的範圍、所展現的力量,以及鮮明的形貌等種種角度去觀察,然後,再將人們所理解的宇宙萬象之重點加以化約、歸納,進而將它們凝煉成八個同時兼具了濃縮式的明確代表性,以及範圍廣泛、內涵豐富的象徵性意涵的「符號」,最後,再將它們融合成一個充滿活動的五彩繽紛而歧義紛雜的「符號世界」。

四、「象形」與「六書」的符號意涵

「庖犧氏」所作的「八卦」雖被認為是中文的起源，但「它」仍只能說是一套「符號系統」而已，還不能算是真正的「文字」。據《說文解字‧敘》載：「黃帝之史倉頡，見鳥獸蹄迒之跡，知分理之可相別異也，初造書契。」「書契」係古人對「文字」的稱呼，所以若依照許慎此說，「中國文字」出現於中國歷史舞台上的時間便是「五帝」中的「黃帝」時期了。至於其創造之法，則是建立在「觀察」鳥類的飛行方式和走獸的蹄痕軌跡上。在中文的造字與用字方法上，《說文解字‧敘》有如下的描述：

> 《周禮》八歲入小學。保氏教國子，先以六書。一曰指事；指事者，視而可識，察而見意，上下是也。二曰象形；象形者，畫成其物，隨體詰屈，日月是也。三曰形聲；形聲者，以事為名，取譬相成，江河是也。四曰會意；會意者，比類合誼，以見指撝，武信是也。五曰轉注；轉注者，建類一首，同意相受，考老是也。六曰假借；假借者，本無其字，依聲託事，令長是也。

此段引文裡的「六書」一詞，最早見於《周禮》內「六官」中的「地官」。在「地官」管轄下的「司徒」裡有「保氏」之官，其職掌為：「掌諫王惡，而養國子以道，乃教之六藝：一曰五禮；二曰六樂；三曰五射；四曰五馭；五曰六

書;六曰九數。」不過,遍讀《周禮》全書,並未發現與「六書」的內容有關的記載。最早述及「六書」內容的,是東漢班固(32-92)所著的《漢書》。這本史書裡的〈藝文志〉有如此的記載:「古者八歲入小學,故周官保氏掌養國子,教之六書,謂象形、象事、象意、象聲、轉注、假借,造字之本也。」文中的《周官》即《周禮》,而「六書」的名稱即在此被清楚地列出來。班固雖然將它們都視為「造字之法」,而且以「象」為基本法則,但有關它們六者的真正內涵是甚麼,卻沒有進一步的解說。最早對此六個名稱加以解釋的,正是比班固小二十多歲的許慎。

前引許慎在《說文解字・敘》對「六書」的解釋方式頗有特色,都是先採取兩個四字的句子來描述,然後再舉出兩個單字為其例證。然而,這一解釋方式不僅因過度講究對稱而顯得拘泥,在解釋內容上也因文簡意賅而致意旨難明。底下便以上述的「符號」觀念為基,將許慎對「六書」的解釋稍加爬梳如下:

(一)「象形」字

許慎用來說明「象形」字的兩個四字句為「畫成其物,隨體詰屈」,而其例證則是「日、月」兩字。根據這一解釋,「象形字」是以現實世界中具有形體之「物」為觀察對象,然後對其形體的輪廓所展現出來的最具代表性的特色勾畫出來而成。譬如「日」字,即因「白天的太陽」所顯現出的「渾圓的外形」最能突顯其特色,故而作為勾畫的對象,而創作出「圓日」外形的字;而「月」字,則以「夜晚的月亮」呈

現成「彎鉤的形狀」時最為突出，因而選為描畫的對象，而創作出「彎月」外形的字。此外，這兩個字不但都是人們可以用眼睛看到的「物」，而且還含有白天與夜晚相對、圓形與彎鉤相對的概念，因而足以作為「隨其物體的曲折形狀來畫出其形貌」之類的文字之「代表」。

（二）「指事」字

　　許慎用來解釋「指事」字的兩個四字句為「視而可識，察而見意」，而所舉之例為「上」與「下」兩字。要呈現出「上」或「下」的概念，當然以透過「兩個」實體之「物」間的位置關係來顯現最為直接，因此，「指事」字也算是屬於可用眼睛來觀看的文字。然而，因這類字所要表達的，並非那兩個實體對象的各自「形貌」，而是一種位置上的「概念」，所以是屬於抽象的、無形的象徵式認知。由於這一認知概念需透過「兩個」用眼睛看到的「物」，經由觀「察」它們兩者所呈現的位置關係（即「視而可識」），讓人了解其間的意涵（即「察而見意」），所以稱為「指事」字。以「上」與「下」兩字為例，它們便是藉由一大一小、或兩個不同之物所展現的位置關係來表達出這種意涵的。這類「指事」字與「象形」字最大的不同，在「象形」字所表述的內容是具體有形的「物」，而「指事」字則是以抽象而無形的「事」為表達內容。因透過這種表現方式所得的結果係以「符號」來表現，所以其內容也因此充滿豐富的「象徵」意涵。不過，它與「象形」字也有相同之處，就是都需藉著眼睛來看，以及都屬於不能再析離成不同字的「獨體之文」。

（三）「形聲」字

　　許慎用來描述「形聲」字的兩個四字句為「以事為名，取譬相成」，而所舉之例為「江、河」兩字。「以事為名」是說依照事物的屬性，將同一屬性的字納入一個字群，並將其屬性化為「符號」，以作為該類字群的代表名稱；這個符號稱為「形符」。「取譬相成」則是在那些聲音中含有意義的字群裡選取一字來「譬喻」；因該字係因其聲音而被選上，所以稱為「聲符」。將「聲符」與「形符」適當的組合之後，乃形成一個具有新義涵，而以「聲符」的聲音作為發音根本的新字，稱為「形聲」字。這一類的字甚多，例如「江」字，便是由左邊代表「水」的形符，以及右邊與「工」的聲音相近的聲符所組合而成；同樣的，「河」字也是由代表「水」的形符，以及與「可」的聲音相近的聲符所組合而成。聲音所表達的義涵雖有太多的可能性，但綜合人們的理解、經驗、想像和約定俗成的習慣後，則仍能得出一個較為明確的意思。因此，用「形符」與「聲符」來組成的「形聲」字，可說是一種含有豐富想像的「象徵」性字體。而由於「形符」與「聲符」本身都擁有獨立而完整的義涵，都屬於「獨體之文」，可見「形聲」字係由兩個（或以上）符號所組成的「合體之字」。

（四）「會意」字

　　許慎用來解釋「會意」字的兩個四字句為「比類合誼，以見指撝」，而所舉的例證為「武、信」兩字。「比類合誼」

是指將兩個（或以上）具有各自含意的「獨體之文」並列在一起；「以見指撝」則是說會選擇這些「獨體之文」，並將它們組合成一個字，乃是希望將它們的意思會合起來，可以傳達出一個綜合性的新意。由於會合在一起的都是「獨體之文」，也都可能是「形符」，所以「會意」字便是由兩個（或以上）「形符」結合來表現出新意的字。例如「武」字，是由「止」與「戈」兩個「形符」所組成；又如「信」字，也是由「人」與「言」兩個「形符」所組成，而它們也原本都是獨體之文。總之，「會意」字與「形聲」字一樣，都是由兩個（或以上）「符號」所組成的「合體之字」。

　　一般說來，文字學家都同意「象形」、「指事」、「形聲」與「會意」是四種屬於「創造中文」的基本觀念。至於「轉注」和「假借」則發生於字群之間，而學者們對這兩類文字的性質則有不同的說法，有人主張它們也屬於「造字」之法（如班固之說），但也有人認為它們應屬於「用字」之法，是活用文字的方法。

（五）「轉注」字

　　許慎用來描述「轉注」字的兩個四字句為「建類一首，同意相受」，而所舉之例為「考、老」兩字。「建類一首」是指有許多字因部首相同，故可稱為同屬一類的字群；「同意相受」則是指屬於同一部首裡的某些字，除了擁有這一個相同的「形符」外，若也有字音相近與義涵相同的情況，便可用它們來輾轉相注，而形成「轉注」字；「考」與「老」兩字就是這類字的代表。以「年紀老大」為義涵，除了原本

專指這個意思的「老」字之外，又可以在同屬一個部首，同樣是指「年紀大」，而且聲音也相近的情形下，滋生出一個新的「考」字。換言之，「考」與「老」這兩個「轉注」字不僅屬於同一個部首，而且聲音相近，同時也都有「年紀大」的意思。這一滋生新字的情況，可稱為「增字」的方法，其結果便是形成了「一義多字」的現象。事實上，中文字裡面所出現的大量「同義字」，就是經由這種「轉注」的方法所滋生出來的。

（六）「假借」字

許慎用來描述「假借」字的兩個四字句為「本無其字，依聲託事」，而其例證為「令、長」兩字。這兩句的意思是說，語言中有某個聲音本身雖擁有自己的義涵，但卻沒有特定的字體與之相配，後來，乃有人從已經存在的文字中借用一個與其聲音相同或相近的字來代表它。這樣的結果，便是使這個被借來代表該聲音的字，除了含有原先的本義之外，又擁有了這個聲音的原來義涵，而形成「一字多義」的情形。例如「令」字的本義是「命令」，但因其聲音與「縣令」的「令」相同，所以乃假借為「縣令」的「令」；於是「令」字便兼有原來的「命令」與借來的「縣令」兩個義涵了。又如「長」字的本義是「年長」，但因其聲音與「縣長」之「長」相同，所以也假借為「縣長」的「長」；於是「長」字也就兼有原來的「年長」與借來的「縣長」等兩個義涵了。

在上列「六書」中，特別是前五種，其形成過程都與事或物的「象」有關，而且也都有自「象」衍生出「多種意涵」

的性質。

五、「中文」的「意象」與「象徵」

　　「八卦」是「中國文字」出現之前的一套「符號系統」，它雖非屬正式的文字，卻因富含「象徵性」而對「中文」的特質產生了極大的影響。到了東漢時，許慎所指出的「六書」，尤其是「象形」、「指事」、「形聲」與「會意」等四種文字，則多藉由「象」而帶出「聯想」或「想像」，所以特別適合用來創作講究「意象」鮮明且內涵豐富的「詩歌」，也就是透過生動而深刻的「意象」，來創造出豐富的「象徵」性義涵。底下將以唐朝大詩人李白（701-762）的詩歌〈子夜吳歌〉詩為例，來說明「中國文字」的這種「適詩性」。該詩全文：

> 長安一片月，萬戶搗衣聲。
> 秋風吹不盡，總是玉關情。
> 何日平胡虜？良人罷遠征！

　　這是一首描寫京城的婦人思念戍守於邊關的丈夫的詩歌；因為寓含了生動的「意象」與豐富的「象徵」義涵，所以成為千古絕唱。第一句「長安一片月」描寫當時的京城長安，在夜晚時分，天空高掛著「月亮」。「月亮」當然有「形象」可見，然而用來指稱「月亮」的「量詞」為何不是常用的『一「個」月亮』、『一「輪」明月』、『一「鉤」彎月』

裡的「個、輪、彎」等字,而是「片」字呢?原來,「一片」
是用來形容將全部範圍都覆蓋住的詞語,例如『一片「平疇
綠野」』、『一片「茫茫大海」』等,所以第一句裡的「一
片月」,顯然並非用來勾畫月亮的「外貌」是圓或缺,而是
在形容月亮的「蒼白光芒」已「籠罩」住整座長安城。這樣
的描寫,便是以月亮的「象」為基,再借用「片」字來寓含
整座京城已遍佈淒涼氣氛的「景象」,進而散發出一股令人
難受的「義涵」。第二句「萬戶擣衣聲」則是呈現了長安城
的夜晚,家家戶戶竟然都不睡覺,而傳出「舂擣衣服」的聲
響。「聲音」當然無「象」可見,但此起彼落的「擣衣聲」
卻「象徵」著「舂擣衣服」的婦人們焦慮的「心聲」:因為
若再不趕緊利用夜晚來製作冬衣,將無法於期限內完成,也
就無法請官方將冬衣送去被徵調到邊關打仗的丈夫禦寒,如
此,其後果將難以想像。此外,「舂擣衣服」的動作在這裡
也很難不讓人「聯想」到「搗心」的動作。因此,這首詩在
起頭的前兩句,不僅已將有「象」的「景」與無「形」的「聲」
完美結合,同時也成功地營造出一種淒寒與焦慮交錯的深刻
「寓意」。

　　第三句「秋風吹不盡」的關鍵詞當然是「秋風」兩字。
「秋」是季節,「風」則由空氣流動所產生,兩字都沒有固
定的「形象」可見;但是,卻都擁有非常豐富的義涵。首先
來看「秋」字;它暗示了嚴寒的冬天即將來臨,也呼應了第
一句裡的「月」,指出婦人因期望能與丈夫「團圓而不得」,
致使心中充滿了「愁」緒。其次,若把「秋」字放入由第三、
四句所組成的聯句「秋風吹不盡,總是玉關情」中,則它在

與「風」組合「秋風」之後，再加上「玉門關」一詞，立即形成一種更具普遍性的「象徵」義涵：玉門關是丈夫被派去打仗的地方，那是一個位於國家的西部邊陲、周遭荒涼、殺機密布的戍守重鎮。在那種環境中，丈夫想必時時深感不安與孤單，所以在秋天的夜裡，特別是看到高掛天空的那輪「明月」時，一定會想念故鄉的妻子與家人，甚至希望能回家「團圓」吧！他心中這種「思念與期望」，此時正藉著「秋天的西風」從邊關吹到長安的家呢！到了最末兩句：「何日平胡虜？良人罷遠征！」詩人更使「思婦」親自出來，直接說出她心裡的話：何時才能打勝仗，讓丈夫回家？

以上的分析，應可看出「中國文字」在「象」上所具有的優點：藉著文字與「象」的關係，「中國詩歌」在「中文」將「內意」與「外象」結合下，很容易創造出外貌鮮明且含意深刻的「意象」。有些詩歌則在縮合各種「意象」，或將某些「意象」進一步推衍下，更形成了豐富的「象徵」性義涵。這種情況，正說明了「中國文字」確實具有「適合用來創作詩歌的性質」。

（本文原以〈論「中國文字」的「適詩性」─從「四象」、「象形」到「意象」與「象徵」〉為題目刊登於《中華詩學》第 32 卷第 3 期。台北：中華詩學研究會發行，民國 104 年春季號。今稍改題目，以見其周延性）

台灣的「中國抒情傳統論」評析

一、「中國抒情傳統」命題的緣起

　　近年來，有關「中國抒情傳統」的討論在台灣的中文學界可說極為熱門。相對的，大陸中文學界近來卻頗熱衷於析辨「敘事」與「敘述」；前者所關心的是中國文學傳統裡的重要內涵與特質，而後者則是關切文學作品的創作技巧與其內容的關係。兩岸的中文學界會出現這種對照性鮮明的研究趨勢，其原因當然令人好奇，也值得探究。只是，在尚未得到足以說服人的答案之前，我們實不宜率爾推斷：這可能是因為大陸的中文學界特別希望能提供各種創作技巧與內容，以供作者們創作出傑出的世界級中國文學作品參考，而台灣的中文學界則比較希望能以較為客觀的立場來分析中國文學傳統的主要特色！

　　由於這是屬於「比較性」的課題，不僅範圍遼闊、內涵豐富，而且性質也非常複雜，所以絕非任何單篇論文所能圓滿解決。本論文的目的也不在尋求此一課題的確切答案，而是希望針對「台灣」中文學界近年來有關「中國抒情傳統」的研究現象提出個人的淺見。

　　中國擁有四千多年綿延不斷的歷史，卻能形成傳承不斷的文化，這當然是人類史上重大的成就之一。而在與「文化」同樣以「人文」為基礎的「文學」領域中，足以被譽為「傳統」之名的項目，自然是因為它（們）在該領域中佔有非常重要的地位。因此，既名之為「中國『抒情』傳統」，當然表示它是可視為「中國文學」領域裡的主要特色之一。然而，「抒情」的內容到底是甚麼呢？由於它的內涵顯然含有獨特而豐富的特色，所以必不可能會有簡單而清楚的答案。不過，也不能因為如此便降低它的重要性，尤其是對並非屬於中國傳統的人而言，它往往是能夠快速認識此一傳統的捷徑。而或許正因為如此，這一課題乃常常成為外國學者特別關心、並深感興趣的對象，以致於它若非出現於不同文學與文化傳統之間的「比較研究」領域，便出現在以「異國」文化為視角來考察中國文學特色的研究裡。舉個例子來說，日本的中國文學專家吉川幸次郎在描述「中國文學的特質」時，就曾明白宣稱「它」係「以抒情文學為主」。[1]

　　事實上，「中國抒情傳統」這一命題的起源地既非台灣，時間也早於二十世紀七〇年代。它之所以出現，實與中國自十九世紀中期以來在國際壓力下的不堪遭遇息息相關。

　　自清朝末年開始，在西方科技大國以武力為後盾而貪婪地席捲全球資源的態勢下，中國也成為主要的受害者，不僅資源與財富幾乎被掠奪一空，其地位連國家的命運也危在旦夕。西方文明在這一趨勢下，其地位也因科技的先進而佔有

1　連清吉：《日本京都中國學與東亞文化》。台北：學生書局，2010。頁136。

世界的最高點，而「中國文學」就在中、西兩相比較下，便因為沒有出現過西方文學裡被稱為偉大文類的「史詩」與「悲劇」而被譏為落後。不幸的是，連當時的大學者如梁啟超（1873-1929）、王國維（1877-1927），甚至稍後的名家錢鍾書（1910-1998）等也有信心動搖的現象；譬如：梁啟超在1903年的〈小說叢話〉裡說：

> 泰西詩家之詩，一詩動輒數萬言，…而中國之詩，最長者如〈孔雀東南飛〉…罕過二、三千言。…吾昔與黃公度論詩，謂即此可見吾東方文學家才力薄弱，視西哲不慚色矣！[2]

王國維於1904年在〈教育偶感〉一文中也說：

> 我國之大文學家有足以代表全國民之精神如希臘之鄂謨爾（即荷馬）、英之狹士丕爾（即莎士比亞）、德之格代（即歌德）者乎？吾不能答也。其所以不能答者，殆無其人歟？…我國之文學不如泰西，…無可諱也。[3]

錢鍾書在1935年的〈中國古典戲劇中的悲劇〉裡，顯然也繼承了這一認知：

---

2 梁啟超：《新小說》，7號。1903。
3 王國維：〈教育偶感〉，原收於《教育世界》，73號。1904.04。後其《靜安文集》第五冊。台北：文華出版公司，1979。頁1761。

> 悲劇自然是最高形式的戲劇，但恰好在這方面，我國
> 的古代戲劇作家卻無一成功。[4]

不過，即使是在這一中國人的自信心幾已瀕臨谷底之時，仍有不少具有中國主體性觀念的學者努力地從專業的角度來回應這一含有強烈偏見的評價。譬如聞一多(1899-1946)在 1943 年的〈文學的歷史動向〉一文中便寫道：

> 印度、希臘，是在歌中講著故事，他們那歌是比較近
> 乎小說、戲劇性質的，而且篇幅都很長。而中國、以
> 色列，都唱著以人生和宗教為主題的較短的抒情詩。[5]

而陳世驤（ 1912-1971 ）也在 1971 年的〈中國的抒情傳統〉中說：

> 中國文學的榮耀並不在史詩；它的光榮在別處，在抒
> 情的傳統裡。[6]

---

4 錢鍾書：〈中國古典戲劇中的悲劇〉，收於《中外比較文學的里程碑》。人民文學，1997。頁 319。
5 此文引自孫黨伯、袁謇政主編的《聞一多全集》，第十卷。湖北：湖北人民出版社，1993。頁 16。
6 陳世驤：〈中國的抒情傳統〉。原作為英文論文，發表於 *Tamkang Review*（淡江評論），2.2/3.1（1971,10；1972,04）。後由楊銘塗譯為中文，收於《陳世驤文存》。台北：志文出版社，1972。頁 33。

以「詩」為主的「中國抒情傳統」，顯然就是在這一趨勢下被標榜出來的一個命題。這些重視自己國家尊嚴的學者其實不少，而他們所選擇的回應方式，若歸納起來，大約可區分為如後兩個趨向：一是努力挖掘中國文學與西方文學的不同特色，二是嘗試建構獨立自主，且能與西方媲美的文學體系。而如果以台灣中文學界的反應來看，前者應以陳世驤所提出的「抒情傳統」最有名，而後者則以高友工所提的「文學美典」最具影響力。

二、台灣「中國抒情傳統論」的出現與發展

在台灣，「中國抒情傳統」這一命題是由華裔美籍學者陳世驤於 1971 年最先提出的。他發表於該年《淡江評論》上的〈中國的抒情傳統〉一文裡說：

> 中國古代文學創作的批評和對美學的關注，完全拿抒情詩為主要對象。他們注意的是詩的音質，情感的流露，…中國的「古典詩」以「抒情」為主。[7]

陳世驤從比較文學研究的角度指出，中國古代的文學批評多以「詩」文類為對象；而且在闡述美學上，也多以「詩」文類為主。這是因為中國的古典詩乃是以「抒情詩」為主的。

事實上，陳世驤對「中國抒情傳統」的建構企圖早在他

---

7 同前註，頁 32。

於 1958 年 5、6 月份在台灣大學的一連串演講文:〈時間與節律在中國詩中的示意作用〉、〈試論中國詩原始觀念的形成〉、〈中國詩之分析與鑑賞示例〉中便已清楚可見。其中,第三篇文章顯然係採用了美國「新批評」在詩歌文類上所主張的創作技巧論,來深入析論杜甫的五言絕句〈八陣圖〉。在該文中,他具體地分析了中國古典詩歌的文字在聲音上實含有非常高明的技巧,並指出此特色實含有更深一層的意涵,即該技巧和其詩歌內所蘊含的情感兩者緊密相連。他的析論不僅細膩深入,言之有據,而且旁徵博引,滔滔雄辯,再加上他所使用的方法既新穎,且富有系統性,所以成功地營造出讓人耳目一新的效果。只是,該文中原本以「詩」文類為主要對象的論述,竟然會在未曾提出足夠豐富的論據下,導出他用十分肯定的語氣所說的:「(中國)『所有的』文學傳統『統統』是抒情傳統。」[8]的觀點,實在令人覺得有些突兀!

　　不過,使「中國抒情傳統」這一論題成為台灣中文學界的焦點的人,其實是另一位華裔美籍學者高友工(1929-)。他於 1978 年回台灣大學客座後,即自 1979 年起,將他在美國任教時有關中國文學的美學研究成果用中文在台灣發表,因而引發了媒體所稱的「高友工震盪」。他在發表於《中外文學》上的一篇論文中,提出了比陳世驤的企圖更加宏闊的論點。他說:

---

8 同註 1。

「抒情」這個觀念不只是專指某一詩體、文體，也不
限於某一主題、題素，廣義的定義涵蓋了整個文化史
某一些人（可能同屬於一背景、階層、社會、時代）
的「意識形態」，…作為一種「理想」、作為一種「體
類」，抒情傳統應該有一個大的理論架構，而能在大
部分的文化中發現有類似的傳統。[9]

　　根據這一段話，高友工不僅將「中國抒情傳統」所涵蓋
的範圍拓寬到不只限於「詩」或「文」等一種文學體類，它
的內容甚至被用來涵蓋「各種體類」的作品之「主題」、「題
素」，以及「整個文化史上」的「某些人」（指：文藝作家、
批評家、理論家）的「意識形態」。而也就在這種論述方式
下，他乃說出「抒情傳統」實有「廣義的定義」，也就是一
種「（文學、文藝）理論架構」。若根據數十年來台灣中文
學界所採用的描述語來說，就是以文學的「美學經驗」為基，
來析論、建構中國文學史中的文學「美典」。[10]
　　高友工重視中國「中國抒情傳統」的時間其實甚早，這
可由他在美國的大學任教時便讓他所指導的研究生選擇此一
課題做為學位論文的題目，或是他的學生在畢業後仍對此一
課題繼續進行更深入的研究等情形看出來；前者可用他所指
導的博士生，後來也在美國密西根大學任教的林順夫為例，

9　高友工：〈文學研究的美學問題，下：經驗材料的意義與解釋〉，原載
　　《中外文學》，1979 年 5 月。後收於氏著《中國美典與文學研究論集》。
　　台北市：台灣大學出版中心，2004。頁 95。
10　高友工的論述，本文在第四節會有比較詳細的說明。

他的博士論文即題為：《中國抒情傳統的轉變－姜夔與南宋詞》。[11]至於後者，則以在美國取得博士學位之後，到耶魯大學任教的孫康宜教授最具代表性，因她也出版了《抒情與描寫：六朝詩歌概論》的專書。[12]雖然他們的著作在論述範圍上並不相同，一為六朝的詩歌，一為南宋的詞，但它們的主要目的並沒有差別，就是透過對不同時代的不同文體的分析，來展現出「詩文類」與「詞文類」中所擁有的「抒情」內涵與特色。

高友工提出的這項在內涵與性質上都非常獨特的「抒情傳統」觀點，不僅在美國的中文學界有人持續推廣，他在 1978 年回到台灣大學客座之後，更在台灣的中文學界引發一股熱衷於闡述他的觀點的風潮；而參與推衍此一風潮的人，大都是他在台灣大學客座時聽過他講課的年輕學者與研究生。他們在接觸到高友工這一系統周延而細緻，並且非常新穎的「理論論述」之後，便從各自的專業領域出發，發表許多論文與著作，或者更具體地爬梳中國文學史中抒情類作品的表達內容與方式，或者旁徵博引中、外文學理論來闡釋中國文學美學的各種特色，來呼應高友工的觀點。在這些各有見地的豐富論著中，若以時間順序來看，知名的著作至少可羅列如下：1982 年，蔡英俊彙編成《抒情的境界》、[13]《意象的流變》[14]

---

11 原作為英文 The Transformation of the Chinese Lyrical Tradition: Chiang K'uei and Southern Sung Tz'u Poetry, 1978, Princeton University Press 出版。後來，由張宏生譯為中文，並交由上海的古籍出版社於 2005 出版。

12 原作為英文 *Six Dynasties Poetry*, 1986, Princeton University Press 出版，中文譯者為鍾振振，台北：允晨文化公司，2001。

13 台北：聯經出版公司，1982。

兩本論文集；1983 年，柯慶明出版《文學美綜論》。[15]後來，高友工又分別於 1987 年與 1993 年再度返台短期講學，而也就在其後不久，又出現了呂正惠於 1989 年出版《抒情傳統與政治現實》，[16]以及張淑香於 1992 年出版《抒情傳統的省思與探索》，[17]…等等。

　　自千禧年尾之後，對「中國抒情傳統」的關注幾乎已成為世界各地中文學界的熱門議題之一了；也就是說，參與論述者所分布地區比以前更加擴大。譬如，任教於新加坡的蕭馳分別於 1999 年在台灣出版《中國抒情傳統》[18]、2003 年在大陸出版《抒情傳統與中國思想 —— 王夫之詩歌學發》[19]兩書，並與柯慶明於 2009 年合編了兩冊《中國抒情傳統的再發現》。[20]台灣則有 2006 年柯慶明出版《中國文學的美感》。[21]此外，中國大陸也有徐承於 2009 年 12 月出版《高友工與中國抒情傳統》，[22]而任教於美國哈佛大學的王德威也於 2010 年與 2011 年連續在兩岸分別出版了《抒情傳統與中國現代性：在北大的八堂課》[23]與《現代抒情傳統四論》[24]兩本專著；至於香港，也有陳國球分別在 2007 年與 2013 年出版《情迷

14　台北：聯經出版公司，1982。
15　台北：長安出版社，1983。
16　台北：大安出版社，1989。
17　台北：大安出版社，1992。
18　台北：允晨文化公司，1999。
19　上海：上海古籍出版社，2003。
20　台北：台灣大學出版中心，2009。
21　台北：麥田出版社，2006。
22　北京：中國社會科學出版社，2009。
23　北京：三聯書店出版，2010。
24　台北：台灣大學出版中心出版，2011。

家園》[25]與《抒情中國論》兩本著作。[26]

　　值得注意的是，在新、舊世紀交替的時期裡，有關這一課題的討論不但在「研究對象」上有了明顯的改變，連「研究範圍」也與此前大不相同：「研究對象」已從「中國抒情傳統」的真正內涵，轉到「現代學者」對「中國抒情傳統」的「各種論述」；「研究範圍」則將考察的時間從陳世驤與高友工上溯到清朝末年時期的王國維、陳獨秀（1879-1942）、魯迅（1881-1936）、周作人（1885-1967）、郭沫若（1892-1978）、宗白華（1897-1986）、朱光潛（1897-1986）、朱自清（1898-1948）、聞一多、沈從文（1902-1988）、梁宗岱（1903-1983）等等。當然，與這一命題有直接關係的捷克學者普實克（Jaroslav Prusek, 1906-1980）也常被納入討論。這些學者的論述重心雖然並不相同，但共同的特色則是以開闊的視野提出了許多值得「令人省思」的見解。其中，以下列兩項論點特別值得深思：

　　其一、在出現原因上，「中國抒情傳統」會受到現代學界的重視，一方面是受到西方「浪漫主義」、「自由主義」、「現代主義」等富有「個人」色彩的文藝思潮所啟發，二方面則是想在一切講究「實用」至上的「寫實主義」思潮中，為「個人」爭取一些讓心靈可以自由舒展的空間。

　　其二、在研究性質上，這些對「中國抒情傳統」的解釋，只能說是在「現代的語境」之下所提出的新觀點，所以和此

---

25 上海書店出版，2007。
26 香港：三聯書店出版，2013。

一術語在「中國文學與文化史」中的實際情況已有不同。[27]

　　雖然上述的第一項論點與出現此一課題的起因並不完全一致，但第二項論點卻非常接近事實。

三、中國文學史裡「情」與「抒情」的意涵

　　在中國三千多年的文學歷史中，不僅作家人數多如過江之鯽，作品的形體也繁複多變，而其內容更可說是包羅萬象，無奇不有。在這樣的文學史中若想贏得「傳統」的稱號，至少必須具備兩大重要條件，就是時間上的「代代相傳」，以及內涵上的「該文化總體性表徵」。「中國抒情傳統」一詞的主體既然是「抒情」，則「抒情」是否擁有該條件就是「中國抒情傳統」能否成立的關鍵了。

　　自範圍比較大的中國「文學」史而言，「抒情」與「敘事」、「載道」等文學術語的造詞方式都相同，即兼括了「使用某種創作方式」（即：抒、敘、載），來完成「某類內涵」（即：情、事、道）。而若我們將範圍縮小至「文學」內的「詩歌」文類上，也有若干與「抒情」的造語方式相同的術語，如「言志」、「詠懷」等。因此，我們應可提出這樣的問題：在中國「文學史」裡是否也有「敘事傳統」或「載道傳統」？中國「詩歌史」上是否也有與「抒情傳統」近似的「言志傳統」或「詠懷傳統」？而台灣中文學界只探討「中國抒情傳統」，是否認為「敘事」、「載道」、「言志」或

---

27 請見王德威：〈有情的歷史〉，收於其《現代抒情傳統四論》的第一章。台北：台大出版中心，2011，頁1-83。

「詠懷」等作品的成就尚不足以成為「傳統」？此外，更令人疑惑的是：台灣中文學界數十年來在此課題的研究為何未能將「中國抒情傳統」的內涵說明清楚？甚至反使「抒情」的意涵更加模糊？「抒情」不就是「抒發情感」？而在文學領域裡屬於「作者的創作」！但為何這類研究的範圍上除了仍包含原本的「作者的創作」外，也將「讀者的閱讀與批評」涵蓋在內？

　　會出現這些現象的原因固然很多，但筆者認為主要有二，即：論述含有強烈的現代性（世界性）觀點，以及研究方法偏向西方理論。只是這樣的論述合乎「中國抒情傳統」這一命題的中文意涵嗎？

　　在詞意上，「中國抒情傳統」作為研究課題，其主體乃是「抒情」一詞，而其根本更在「情」字。我們雖然可以和多數研究者一樣，從「文字學」的角度來單獨考察這個字的原始意涵，但因「文字」或「語言」的使用目的，在希望有效地呈現它「被使用時」的意涵，因此，「情」字應該真正被關注的是它「被用來表達時」的意思如何，也就是它被放在完整意思的句子中，或句中含意明確的詞語裡時，它的意思到底是甚麼？因此，從「書籍文獻」來考察「它被使用時的意涵是甚麼」，應該比「它被創造出來時的原始意思如何」來得重要。同時，既然要將它稱為「中國」的一種「傳統」，那麼，它在整個中國文學史上所含有的各種意涵是甚麼，應該也是必須說明的。基於此，底下便依時代順序為軸，將「情」字在歷代的主要意涵稍作爬梳。

（一）先　秦

　　《尚書》是中國最古老的書籍之一，其〈康誥〉篇裡有「天畏棐忱，民情大可見，小人難保。」兩句，其中的「民情」一詞是「人民的實際情況」的意思，所以「情」字係指國家社會裡的「真實情況」或「實際情形」。這一解釋，因有其他屬於周朝末期的典籍可資輔證，所以頗為可信。例如《論語·子路》裡的「上好禮，則民莫敢不敬；上好義，則民莫敢不服；上好信；則民莫敢不用情。」以及《左傳·襄公十八年》裡的「吾知子，敢匿情乎？」其中的「情」字都是「真實情況」或「實際情形」的意思。可見「情」字在最早期的本意之一為外在環境中的「真實」情況。

　　但到了周朝末年的戰國時代，「情」字除了指外在的「真實」環境之外，也出現了被用來表示「人類內心裡面的情感」。例如戰國時代的楚國大夫屈原（340-278B.C.）便在他的作品中常常使用「情」。在〈離騷〉裡，屈原說：「懷朕情而不發兮，余焉能忍此終古？」他的意是：如果我一直懷抱著內心裡的真情感而不將它抒發出來，我怎麼可能將它壓抑到人生終了的時候？在《九歌·思美人》裡，他又說：「申旦以舒中情兮，志沉菀而莫達。」意思是：我其實天天都想要抒發出心中的真情感，只是因意志消沉，所以無法將它表達出來！在這兩例裡的「情」字都是指「內心中的真情感」。雖然我們無法確定它們是內心之中的哪一種「情」，但根據其文意，應該是包含了「忠心」、「焦慮」、「失望」等在內的複雜情感。不過，這裡應特別注意的是，由於這兩個例中

的「情」字都含有「真實」和「強烈」兩項共同特色,所以才會造成:因它們在心中已形成讓人難以承受的壓力,故而常迫使當事人渴望有機會把它「抒洩」出來。

屈原之後,用來指「人類內心情感」的「情」字,其內涵更有了具體的解釋。譬如荀子(313-238B.C.)在《荀子·正名》裡說:「生之所以然者,謂之性。…性之好、惡、喜、怒、哀、樂,謂之情。」在《荀子·性惡》裡又說:「若夫目好色,耳好聲,口好味,心好利,骨體膚理好愉佚,是皆生於人之情性者也。」可見他的主張是:「性」乃人類一出生即已擁有,是人類天生的本性。這一本性,可用「好、惡、喜、怒、哀、樂」等不同方式來呈現,此時,它便被稱為「情」!換言之,「情」是「性」以不同的方式所展現出來的結果,兩者實有密不可分的關係,甚至還可以合成「情性」一詞。

值得注意的是,在稍早的春秋時代,前述《荀子·正名》中的「情」也有被視為同於「氣」、「志」,而且把它們與「性」字連結起來的情形。譬如在《左傳·昭公二十五年》裡,子產說:

> 民有好、惡、喜、怒、哀、樂,生於六氣。是故審則宜類,以制六志:哀有哭泣,樂有歌聲,怒有戰鬥;喜生於好,怒生於惡。是故審行信令,禍福賞罰,以制生死。生,好物也;死,惡物也。好物,樂也;惡物,哀也。哀樂不失,乃能協於天地之性,是以長久。」

這段話中裡有三項與「情」有關的論點。首先是「情」

和「氣」的內容完全一樣，都是「好、惡、喜、怒、哀、樂」，故而被稱為「六氣」。其次是「六氣」可能就是「六志」，因而「氣」也可能即為「志」。第三，如果能夠審慎處理「六氣」或「六志」，將可使人達成與「天地之性」協和的境界。換言之，「情」和「氣」、「志」、「性」不但具有密不可分的關係，而且都是指「人類內心裡面的情感」。不過，這種現象在呈現出中文字詞有可以「互換」或「連結的特性，但也因此造成了字詞的意思模糊不清的結果。

（二）漢　朝

在漢朝時，也有繼續延用「情」字來指稱「人類內心的情感」的情形，而最著名的例子，莫過於《詩大序》中的這段話：「詩者，志之所之也，在心為志，發言為詩。情動於中而形於言；…。」其中的「情」與「志」有非常密切的關係。此外，將「情」與「性」結合使用在漢代也頗為普遍，例如董仲舒（179-104A.D.）在《春秋繁露·蔘察名號》裡即說：「身之有性情也，若天之有陰陽也。」其中的「性」和「情」兩字已直接合成「性情」一詞，而「情」字也是指人類內心的特質。

到了東漢，班固（32-92A.D.）的名著《漢書·離騷贊序》裡有「屈原痛君不明，信用群小，國將危亡，忠誠之情，懷不能已，故作〈離騷〉。」一段文字，其中的「忠誠之情」當然是用來形容屈原內心的情感；只不過，他並未讓「情」字獨立，而是將它與同樣屬於內心的一種性質之「懷」字結合起來使用。

（三）晉　朝

晉朝時，摯虞（250-300）在他綜論這種文章流派的名文〈文章流別論〉裡說：

> 賦者，敷陳之稱，古詩之流也。古之作詩者，發乎情，止乎禮義。情之發，因辭以行之；禮義之旨，須事以明之。（《藝文類聚》，卷56）

其中的「發乎情，止乎禮義」兩句雖未具體說明「情」字的內涵，但卻點出它包含兩項特質。其一，「情」為內的心活動，並且可以用「辭」將它表達出來；其二，「情」必須用「禮義」來節制（止）；換言之，人在抒發內心的「情」時，如果未能在方式與程度上設限的話，是會引發負面結果的。

此外，受到陸機（261-303）和陸雲（262-303）兄弟所敬重的張華（232-300）曾在〈答何劭詩〉（其二）裡以「是用感嘉貺，寫心出中誠；發篇雖溫麗，無乃違其情。」一段文字，清楚地指出：詩篇若要被肯定，就需要做到詩中所表達的「情」必須「不違背心中之誠」。而正是這一觀念，導致陸雲在他的〈與兄平原書〉中會寫出下面這一段文字：

> 往日論文，先「辭」而後「情」，尚潔而不取悅澤。嘗憶兄道：「張公（指張華）父子論文，實自欲得。」今日便宗其言。

　　在陸雲心中，評論文章最重要的兩個項目是「辭」與「情」，而他原本認為「辭」比「情」重要。後來，因回憶其兄陸機曾提到張華曾提出「實自欲得」的詩觀，才改變原先的觀念，轉而主張「情」比「辭」重要。

　　因此，陸機也認同張華的觀點，所以才在他細論文學創作的名作〈文賦〉裡提出：「詩緣情而綺靡」的主張，強調「詩」必須同時「兼重」詩人內心的「情真」與其表達方式上的「辭綺」，而對後代的詩論產生了極大的影響。

（四） 南北朝

　　南北朝時，最重要的文學理論家劉勰（465-520）在他的《文心雕龍》中提到「情」的地方不少，這裡便以該書裡的〈物色〉篇與〈神思〉篇為例，來分析他對「情」的看法。

　　〈物色〉篇與「情」最有關係的應該是這段文字：「物色之動，心亦搖焉。…情以物遷，辭以情發。」。文中提出了三組名詞：「物」動搖「心」／「情」被「物」改變／「辭」將「情」發抒出來。由於「心」與「情」都在人體之內，所以它們實可合稱為「人的內在心情」；於是，這三組名詞的關係乃清楚地呈現為：「物」→「心、情」→「辭」，而這正是一個次序分明的「創作的過程」。不過，比較特別的是這裡的「情」乃是屬於「被動」的。

　　〈神思〉篇裡也有「夫神思方運，萬途競萌。…登山則情滿於山，觀海則意溢於海。」等數句與「情」有關。其中的「登山則情滿於山，觀海則意溢於海」兩句，也形成了兩組在其內為對比，而兩組之間卻彼此對仗的文字。同樣的，

其中的「情」與「意」都是「內心」之中的質素與活動，而「山」與「海」則同為「身外之物」，所以也形成了內在的「情、意」與外在的「山、海」互相對比的情況。但值得注意的是它與〈物色〉篇有不同之處，即其內的「情」乃是「主動」的。

換言之，對劉勰而言，「心」、「情」、「意」三者是可以互換的字，而它們不論是被動或主動地接觸到外在的「物」、「山」與「海」，其後都會用「辭」將它們抒發出來，而成為文學作品。

（五）唐　朝

自南朝的齊、梁之後，因對「作品」的「形式」與「文辭」越來越講究，以至於使「巧構與形似」成為文學創作和評論的主流。然而，也屬於「作品」之內而與此兩者相對的「情」，卻明顯地被忽略了。唐朝成立後，文壇雖仍承襲此一趨勢，但也逐漸有人省思此一現象，甚至於對它提出「彩麗競繁，興寄都絕」之類的批判。屬於初唐的王昌齡（約698-757）在《詩格》裡便提出了三境之說：

> 詩有三境：一曰物境，…二曰情境，娛樂愁怨，皆張於意，而處於身，然後馳思，深得其情。三曰意境，亦張之於意，而思之於心，則得其真矣。

王昌齡在對第二項「詩的情境」的描述裡，將「情」視為該「情境」的核心，然後指出，「情」必須藉由一種以「意」

為基、而讓「思」可以自由奔馳的方式，才能塑造出「情境」。

中唐的白居易（772-846）在〈與元九書〉裡說：「感人心者，莫先乎情，莫始乎言，莫切乎聲，莫深乎義。詩者，根情，苗言，華聲，實義。」他顯然也將「情」視為「詩」的根本。

上面兩例都在論詩，也認為「情」是「詩」的根本或核心要素。不過，同樣是這個時代，在非屬於「詩」類，尤其是以「文」為主的範疇，卻出現了一股反對「情」的聲浪。

韓愈（768-824）的學生李翱（774-836）在〈復性書・中〉裡說：「情本邪也、妄也。」他直接挑明「情」是「邪」的、「妄」的，可說是一種全然負面的評語。在〈復性書・上〉，他又說：「人之所以為聖人者，性也；人之所以惑其性者，情也。喜、怒、哀、懼、愛、惡、欲七者，皆情之所為也。」他將原先或者被互用，或者被認為具有密切與和諧關係的「情」與「性」兩字，尖銳地對立起來，明白主張：凡是能夠將內在的「性」充分表現出來的人，便可以成為「聖人」；然而，因人的「性」常常遭到「情」的迷惑、誘惑，以致於使他無法成為「聖人」。這種說法顯然是把「情」當作破壞「性」、遠離「聖」的兇手，而這個「情」的主要內容，則包括有「喜、怒、哀、懼、愛、惡、欲」七種形式－比戰國時荀子所說的「性之好、惡、喜、怒、哀、樂，謂之情。」多了一種。這七種人們必須時常警惕的對象，李翱在〈復性書・中〉也提出了具體的對付方法，就是「制禮以節之，作樂以和之」，或者乾脆更果斷地將它們「滅」掉，以使人的「本性」重新恢復「清明」的狀態。

（六）宋　　朝

到了宋朝，雖然也有人提出「詩者，吟詠性情也。」（嚴羽《滄浪詩話》）的觀點，但詩壇的主流可說仍屬於「反情」；這一情況可從當時不少地位崇高、且影響巨大的人物紛紛出來表達同樣的見解看出來。譬如邵雍（1011-1077）在〈觀物〉篇說：「以物觀物，性也；以我觀物，情也。性公而明，情偏而暗。」（《瀛奎律髓》，卷 23）在〈觀物外篇〉，他又說：「任我則情，情則蔽，蔽則昏矣。因物則性，性則神，神則明矣。」他也把「情」與「性」對立起來，而用「我、偏、暗、蔽、昏」等負面的詞語，來描述「有情」的狀態與結果；相反的，而則是以「物、公、明、神」等正面的詞語，來形容「存神」的狀態與結果。

同樣的，大儒朱熹（1130-1200）也在〈答徐景光書〉中說：「存心以養性，而節其情。」理學大家程顥（1032-1085）也在〈答橫渠先生定性書〉裡說：「人之情各有所蔽，故不能適道，大率患在於自私而用智。」對他們而言，「情」不但必有所蔽，而且是自私的，所以如果任其發抒、伸展，將會導致不良的結果，因此必須以「養性」等方式來「節制」它。

（七）元　　朝

元朝因以蒙族入主中原，故其施政方式與內容並未以漢文化為主。在這種情勢下，以詩抒發「性情」乃成詩論主流。譬如作者逸名的《詩法源流》即有「唐人以詩為詩，宋人以文為詩。唐詩主于達性情，故於《三百篇》為近；宋詩主議

論，故於《三百篇》為遠。」一段話。又如方回（1227-1307）
在評杜甫的〈江亭〉詩時說：「老杜詩不可以色相聲音求，…
『片雲共天遠，永夜同孤舟』，景在情中，情在景中，未易
道也。」前一例指出，因為唐詩內含有「性情」，所以才能
做到比較接近古代經典的《詩經》。後一例則主張，能夠將
「景」和「情」融合在一起的，才是極不容易完成的好詩。
因此，「情」在這裡的涵義當然是正面的。不過仍然必須注意
的是，它並非單獨使用，而是與「性」或「景」結合在一起。

（八）明、清之後

　　明、清之交的王夫之（1619-1692）在《薑齋詩話》（卷
一）裡雖然也曾經從避免價值判斷，純粹描述特色的角度，
用「情、景雖有在心、在物之分，而景生情，情生景，哀樂
之融，榮悴之迎，互為其宅。」來指出「情景交融」為「詩
歌」的美好境界，但他在《讀四書大全說》裡卻也說：「性，
道心也；情，人心也。惻隱、羞惡、辭讓、是非，道心也；
喜、怒、哀、樂，人心也。」也就是說，他分別用「道心：
惻隱、羞惡、辭讓、是非」及「人心：喜、怒、哀、樂」來
將「性」與「情」區分為對立的兩類內心活動，而在價值判
斷上，他顯然認為「性」要高於「情」。

　　這種對「情」傾向負面的看法，一直要到清末、民初時
才有了改變，例如被譽為現代啟蒙者之一的梁啟超
（1873-1929）於1921年在清華大學演講的〈中國韻文裏頭
所表現的情感〉一文裡便說：

> 情感的作用固然是神聖，但它的本質不能說都是善
> 的，都是美的。他也有很惡的方面，他也有很醜的方
> 面。…情感教育的目的，不外將情感善的、美的方面
> 盡量發揮，把那惡的醜的方面方面漸漸壓低淘汰下。
> 這種功夫做得一分，便是人類一分的進步。[28]

　　至此，「情」終於擺脫了完全負面的形象而趨於中性；
「情」的內涵已被認為兼具有「善與惡、美與醜」等不同的
性質。

　　上述所引用來申論的資料，當然只是歷代中國文學文獻
中的一小部分，其核心主體的「情」字，在內容上雖有「好、
惡、喜、怒、哀、樂」的六種類型與「喜、怒、哀、懼、愛、
惡、欲」七種類型的不同，卻因常與「志」、「氣」、「性」、
「心」、「意」等同樣屬於人類內心的性質與活動的字產生
互用、合用與換用等情形，所以用它來代表人的內心世界應
無不可，而「抒情文學」當然也應該有資格被稱為「中國文
學傳統」之一。只是，它在史實裡的地位與涵義中至少有兩
點值得注意，一是它曾在頗長的一段時間裡被用來和「性」
或「志」相對，而呈現出屬於「負面」的評價；二是當它被
用來和「抒」字合成「抒情」一詞，而且是用在文學（甚至
是「藝術」）領域裡時，它顯然是屬於「作者的創作活動」
領域，所以應與閱讀、欣賞與批評無關。

　　除此之外，也必須一提的是，中國的「抒情文學」向來

---

28 收於《梁啟超古典文學論著》，上海書店，2013。

以「詩歌」類為主，而其代表性論述則為《詩‧大序》中所說的：「詩者，志之所之也，在心為志，發言為詩。情動於中而形於言；…。」的「言志說」。換言之，中國文學史中其實也有一種源遠流長的「言志傳統」。這是因為漢朝自武帝「獨尊儒術」之後，便在詩歌上形成了以儒家學說為主流的「言志說」；而其中的「志」之內涵與性質乃是由春秋時期的儒家創始者孔子所奠定的。根據《論語‧公冶長》篇，孔子曾問其弟子子路與顏淵：「盍各言爾志？」子路回答：「願車馬衣裘與朋友共，敝之而無憾。」另一弟子顏淵則答：「願無伐善，無施勞。」最後孔子則以：老者安之，朋友信之，少者懷之。」為自己的「志」。到了戰國時代，儒家代表孟子也說：「居天下之廣居，立天下之正位，行天下之大道。得志，與民由之；不得志，獨行其道。富貴不能淫，貧賤不能移，威武不能屈，此之謂大丈夫。」（見《孟子‧滕文公，下》）於是，「志」的性質自此便完全確立，亦即：它是「大丈夫」必須擁有的立身處世原則：以爭取機會「為民謀福」為懷抱與志向，若無此機會，則「獨行其道」。此後，因多數的朝代都以儒術治國，而其官吏與文人又大都是儒家出身，所以「用詩言志」乃成為詩歌主流，並成為中國文學中最為著名的「言志傳統」。

四、高友工的「中國抒情傳統」論或「美學理論」

　　繼陳世驤在台灣提出「中國抒情傳統」的命題後，高友工對此一命題所提出的論述，在台灣中文學界引起了更大的

迴響。他的論述細膩而有條理，但其內容則因兼具中、西文學批評，資料來源頗為複雜，同時，整個體系的涵蓋面也頗為龐大，所以很難用簡短的篇幅來勾勒其完整的論述。由於本文只是單篇論文，目的也不在評論其內涵，因此乃以本文討論所需為著眼點，將高氏的「中國抒情傳統」理論稍加描述如下：

在本文的第二節裡曾引述高有工對「抒情傳統」的說法：

> 「抒情」這個觀念不只是專指某一詩體、文體，也不限於某一主題、題素。…作為一種「理想」、作為一種「體類」，抒情傳統應該有一個大的理論架構。…（即）以藝術媒介整體地表現個人的心境與人格的美學理論。[29]

高友工在這段文字裡清楚地將「抒情傳統」定義為：以「個人」為範圍的「美學理論」。但這樣的說法與其論述方式和結果（詳後），顯然與本文前面所勾勒的「中國文學史」中，「情」字和「抒情」一詞在歷代的主要意涵與變化並不相同。事實上，高氏對「抒情傳統」一詞的定義，其實是建立在英文 lyrical tradition 一詞上，而其主要內容則是指：一種以「個人」、「浪漫」、「自由」為主要內涵的文學觀念。茲以其整個體系為觀照面，將其要點歸納為以下三點：

---

[29] 高友工：〈文學研究的美學問題，下：經驗材料的意義與解釋〉，原載《中外文學》，（1979,5）。後收於氏著《中國美典與文學研究論集》。台北：台灣大學出版中心，2004。頁 95-96。

(一)「經驗」與「再經驗」

　　根據高友工的論述,「經驗」,是一個人進行創作或批評的起點,而它的主要特色,則是把將要「進行創作或批評」者個人的主觀感性與客觀知性包含在內。當「經驗」只是一個名詞時,係指「人」的「過去」的「經歷」被貯存於內心的「意識」之中而成為「記憶」,然後再提升為已經被融入到自己意識裡的「知識」。不過,當「經驗」被視為動詞時,則是指「現在的自己」在已擁有的「知識」(即因自己過去的經歷而產生的知識)上,再次去「經歷」當下的事情,然後獲得新的感受與知識;也就是說,這個「經驗」其實是一個「刺激-感受-反應-判斷」的心理活動過程。由於它係以個人「過去的經驗」為基礎,故而也常被稱為「再經驗」。[30]

　　從現代西洋文學批評的角度來看,高氏這一論述中所提到的「經歷」、「經驗」與「記憶」、「知識」等術語,其實際內涵與德國「詮釋學」(Hermeneutics)裡的「前理解」(pre-understanding)可說非常相像,都是指個人在對新的人事景物進行新的了解之前的知識背景;同時,所謂「再經驗」的過程與結果,也與「詮釋學」裡的「視域融合」(the fusion of horizons)相類,也就是自己內心之中原來的知識背景與外在的新事物會合之後而得的新知識。據此,高氏所提的見解其實很難被定位為創新之說,而且,也因高氏特別強調這種「經驗」也包括「讀者」在內,所以他的說法與「中國抒

---

30 同上註。頁 22-43。

情傳統」中只以創作的「詩人」（或「作者」）為範圍的說法並不相同。

（二）「經驗材料」、「美感材料」與「美感經驗」

高友工認為，個人已經擁有的「過去經驗」因將成為「再經驗」的基礎，所以也可以稱為「經驗材料」；而當這個「經驗材料」從「美學」的角度來描述時，則可用「美感材料」來稱呼它。另外，他將文學領域裡的「文學作品」稱為「語料」，並進而提出：欣賞此一「語料」的活動就是「美感經驗」，而所謂「美感經驗」，乃是一個以能夠貫串「感覺」、「感情」與「快感」等三層次，而以「感性」為心理活動軸心所進行的「再經驗」；至於它的結果，就是要讓「欣賞者」增加新的知識，甚至讓自己的境界因而被提升。在此，他特別強調「語料」能產生「美感經驗」的效果，乃是因為這一「語料」具備了如後的條件：一、擁有創作者與欣賞者共同具有的「語言典式」；二、含有作為藝術媒介的「可感性質」；三、若要產生實際的效果，創作者與欣賞者必須同在一個「語境」裡面。[31]

若拿現代西洋文學批評來參照的話，高氏這三項論述顯然也並不新穎，因為所謂「過去經驗」，其內涵與前述德國「詮釋學」裡的「前理解」可說非常相似。至於「可以產生美感經驗」的「語料」、或含有「可感性質」的「藝術媒介」

---

31 高友工：〈文學研究的美學問題，下：經驗材料的意義與解釋〉，收於氏著《中國美典與文學研究論集》。台北：台灣大學出版中心，2004，頁 43-102。

兩者，也與具有「美學效用」的「文學作品」相同，因它與俄國的「形式主義」（Formalism）所主張的可以引發人們「感覺」的「陌生化」（de-familiarization）語言（也稱為「文學語言」literary language」）或美國的「新批評」（New Criticism）所強調的「文學作品」在「語言」上含有特殊的性質與精心的設計，故而能引發讀者的感覺之說，幾乎如出一轍。此外，「創作者」與「欣賞者」共同具有「語言典式」，而且兩者必須「同在一個語境」裡才能溝通的觀點，則與「符號學」（Semiotics）中所強調的：「說話者」與「受話者」必須先接觸，進而順利溝通（即「解碼」）的說法頗為相近。當然，高氏的論述在範圍上把「欣賞者」涵蓋進去的說法，與專注於「作者」的中國抒情傳統」也是明顯有別的。

（三）「抒情美典」

　　高友工將「抒情傳統」解釋為：「中國自有史以來以抒情為主所形成的一個傳統。」它不僅「體現了我們文化中的一個意識形態或文化理想」，「透露了一套很具體的價值體系，觸及了文化根本」，而且在「支脈密布的」中國文化傳統中佔有「主流」的地位。綜觀高氏這些論述，其核心觀念應該是此一「抒情傳統」的關鍵元素，也就是「抒情美典」。所謂「抒情美典」是指雖蘊藏於「作品」之內，但卻以「（讀者）自我現時的經驗」為「作品的內容或主體」，因而能夠造成「欣賞者」把他個人對「作品的欣賞」加以傳播，並使它傳承下去的結果。高友工進而分析「抒情美典」在中國文化史裡所呈現的狀況：在不同的時代，它會以不同的「論述」

或「作品類型」呈現出來,譬如:先秦的樂論、漢魏六朝的文論、唐朝的詩法與書論、宋朝的畫論等;[32]其中,以形成於唐朝的「律詩」最具典範性。[33]

高氏這種「作者－作品－讀者」的理論架構既然將「讀者」涵蓋在內,顯然已超出中國古典詩歌的「作者抒情」的範圍之外。他以這一架構為基所提出的:「美典」會以不同的「論述」或「作品類型」呈現出來之說,更不只混淆了在美學性質與美學效用上均不相同的「文學」與「藝術」之差別,也無視於在「文學」領域中,不同的「文類或文體」都各有不同的性質與標準之事實。自此而言,高氏的論述因過於含混與籠統,所以在參考和運用時須特別謹慎。

高友工為了讓西方學界能真正了解中國文藝美學,故而參考西方哲學、語言學、結構主義符號學、形式主義與新批評等理論,提出了內容細密而涵蓋面甚廣的「美學理論」,其學識之博與用心之深當然令人欽佩。然而,因他的論述除闡明「作者的創作」活動之外,也將「讀者的欣賞與批評」涵蓋在內,譬如將「美感經驗」解釋為:導源於一個「外在的共同藝術媒介」,而「我們」則是透過對這個「共同媒介」的認識和對經驗的想像,來「了解這個經驗之知的性質、型態。」[34]這種說法當然可以成立,但卻和中國文學史上的「抒

---

32 高友工:〈中國文化史中的抒情傳統〉,收於氏著《中國美典與文學研究論集》。台北:台灣大學出版中心,2004,頁 104-105。

33 高友工:〈律詩的美學〉,收於氏著《中國美典與文學研究論集》。台北:台灣大學出版中心,2004,頁 210-257。

34 高友工〈文學研究的美學問題(上):美感經驗的定義與結構〉,收於《中國美典與文學研究論集》。台北:國立台灣大學出版中心。2004。頁 22。

情」意涵並不相同。

五、結　語

　　從史實的角度而言，「中國抒情傳統」會成為二十世紀以來中文學界所關心的議題，乃是清末明初時，在西方文學挾其武力優勢而以高姿態逼凌中國文學的刺激下，促使擁有中國主體性觀念的學者為此所提出來的回應。他們的回應方式主要有二：一是強調不能因為中國文學史上沒有出現西洋文學引以為傲的「史詩」與「悲劇」，就被斷定為缺少偉大的質素；中國文學與西洋文學各有不同的文化背景，它當然也有偉大的文學傳統，就是與以「敘事」為主的西洋文學不同的「抒情傳統」。二是自中國文學史中梳理出一套既深入又周延的「文學理論」，且將「創作」、「作品」與「批評」全涵蓋在內。

　　有關這一課題的論述，台灣的中文學界也沒有缺席；自二十世紀七〇年代由陳世驤開始，而於八〇年代被高友工推到高峰。他們兩位所選擇的恰好分別是上述的兩種方式；而高友工更可以說是後者的代表。高友工有時會將他的「理論」稱為「中國抒情傳統」，有時則直接稱它為中國「美學理論」。只是，用「抒情」一詞來替代「美學理論」實有混淆語意之嫌；因為如前所述，中國文學史上的「抒情傳統」固然在各代都有其特殊的內容，也有不同的形式，但全都是指「作者的創作」；而高氏所提的「美學理論」雖也涉及「作者」的「創作」活動，卻還包含了「欣賞者」如何「欣賞」作品的

過程與其結果,其內涵實比「抒情文學」要大得多。此外,高友工的論述也清楚地把「文學」領域之外的「書法、繪畫、音樂」等「藝術」都包籠進去。凡此,都可顯示出高友工的「中國抒情傳統」與它的中文意涵是不相同的,它應該是一套以「文學、書法、繪畫、音樂」等為範圍,而深入闡述其「作者的創作」、「作品(語料)的內涵與形式」與「欣賞者的欣賞」的特殊活動和深刻意義的「美學理論」。

在高友工之後,台灣的中文學界也因對「中國抒情傳統」這一詞語的理解有異而出現兩條路線:其一是以「中國文學史」中真正屬於「抒情文學」類的作品為研究對象,自其中挖掘出此類作品的共同特色,例如呂正惠在其《抒情傳統與政治現實》中,便將此類作品歸納出具有「感情本體主義的傾向」與「文字感性的重視」兩大共同特色。[35]另一則是將探索焦點集中到「文學美學」上,例如柯慶明在他的《文學美綜論》與《中國文學的美感》中,細膩地析論中國古典文學裡的各種美學技巧與意涵。

自千喜年之交後,這一課題的研究出現了更大的變化;在「被研究的對象」上,它已從「中國抒情傳統」的內涵轉到「現代學者」對「中國抒情傳統」的「各自論述」;在「探討的時間範圍」上,它已被上溯到清末民初;而在「參與討論者的身分」上,它也已擴大到亞洲、美洲與歐洲了。這些情況,一方面反映了這一課題的研究動機已不再是為了「回應西方的偏見」,因而努力地「證明」中國也有深具自己特

---

35 呂正惠:〈中國文學形式與抒情傳統〉,收於氏著《抒情傳統與政治現實》。台北:大安出版社,1989,頁 203。

色的「文學傳統」－「抒情」；另一方面，它也凸顯了「現代」的文學研究，時常含有兼具「現代性」、「跨文類姓」、「國際性」與「多元性」等特色的傾向。

　　（本文原在「日本早稻田大學與淡江大學 2014 年 3 月社會與文化國際學術研討會」上宣讀，論文原題為〈談台灣的「中國抒情傳統論」〉，今稍加改寫，並將論文題目改為〈台灣的「中國抒情傳統論」評析〉）

「言志道」與「悅情性」
── 論白居易的「詩觀」，兼評台灣的「中國抒情傳統論」

一、問題的提出

　　1958 年，美籍華裔學者陳世驤（1912-1971）到台灣大學客座時發表了〈時間與節律在中國詩中的示意作用〉、〈試論中國詩原始觀念的形成〉、〈中國詩之分析與鑑賞示例〉等三篇演講文，成功地借助「西方現代文學批評」的方法分析「中國古典詩」。1971 年，他在發表於《淡江評論》上的〈中國的抒情傳統〉[1]裡先說：「中國古代文學創作的批評和對美學的關注，完全拿抒情詩為主要對象。他們注意的是詩的音質，情感的流露，…中國的古典詩以抒情為主。」再說：「中國文學的榮耀並不在史詩；它的光榮在別處，在抒情的傳統裡。」提出了對此後台灣的中國古典文學研究影響巨大的「中國抒情傳統」論。

　　1978 年，另一位美籍華裔學者高友工（1929-）到台灣

1　陳世驤：〈中國的抒情傳統〉。原作為英文論文，發表於 *Tamkang Review*（淡江評論），1971,10 及 1972,04。後由楊銘塗譯為中文，收於《陳世驤文存》，（台北：志文出版社，1972），頁 33。

大學客座時，在《中外文學》發表的〈文學研究的美學問題，下：經驗材料的意義與解釋〉中，對「抒情」一詞提出了比陳世驤的說法涵蓋面更為寬闊的論點：

> 「抒情」這個觀念不只是專指某一詩體、文體，也不限於某一主題、題素，廣義的定義涵蓋了整個文化史某一些人（可能同屬於一背景、階層、社會、時代）的「意識形態」，…作為一種「理想」、作為一種「體類」，抒情傳統應該有一個大的理論架構，而能在大部分的文化中發現有類似的傳統。[2]

換言之，高友工不但將「中國抒情傳統」的範圍從陳世驤所設定的「詩類」拓寬到「各種文學體類」，而且也將討論的內容自「作品」的「主題」與「題素」擴大到「整個文化史上」的「某些人」（指：文藝作家、批評家、理論家）之「意識形態」。但更特別的是，高氏還提出「抒情傳統」有「廣義的定義」，就是「理論架構」，而且希望用它來建構中國文學史上的文學「美典」；而且，他這一觀點在美國的中文學界也有學生加以闡述，例如林順夫即以《中國抒情傳統的轉變－姜夔與南宋詞》為題目完成博士論文，[3]孫康宜

---

2 請見《中外文學》，1979,5。後收於氏著《中國美典與文學研究論集》，（台北市：台灣大學出版中心，2004）。頁 95。

3 原作為英文 *The Transformation of the Chinese Lyrical Tradition : Chiang K'uei and Southern Sung Tz'u Poetry*，1978， Princeton University Press 出版。後來，由張宏生譯為中文，並交由上海的古籍出版社於 2005 出版。

也出版了名為《抒情與描寫：六朝詩歌概論》的專書。[4]

　　在陳、高兩位以客座教授身份在台灣提出這一內含西方文學批評意蘊的「抒情」論之後，台灣的中文學界自 80 年代起即出現一股推衍其說的風潮。然而，值得注意的是這些研究的闡釋對象－「抒情」，其實已涵蓋了兩個不同的文學研究領域，一是針對中國文學史裡的各種「抒情」情況提出自己的見解，二是將重點轉移到挖掘中國文學史裡的各種「美學」意涵。姑不論單篇論文所述的各種見解，即以在台灣出版的專書而言，與這一風潮有關者便可羅列如後：1982 年，蔡英俊編《抒情的境界》論文集[5]； 1983 年，柯慶明出版《文學美綜論》[6]；1989 年，呂正惠出版《抒情傳統與政治現實》[7]；1992 年，張淑香出版《抒情傳統的省思與探索》[8]；1999 年，新加坡學者蕭馳出版《中國抒情傳統》[9]，並於 2009 年與柯慶明合編《中國抒情傳統的再發現》[10]；2006 年，柯慶明又出版《中國文學的美感》[11]；2010 年，美籍華裔學者王德威出版《現代抒情傳統四論》[12]；…等。這些論者們或爬梳與分析中國文學史中抒情類作品的表達內容與方式，或博

4　原作為英文 *Six Dynasties Poetry*，1986， Princeton University Press 出版，中文譯者為鍾振振，（台北：允晨文化公司。2001）。

5　台北：聯經出版公司，1982。

6　台北：長安出版社，1983。

7　台北：大安出版社，1989。

8　台北：大安出版社，1992。

9　台北：允晨文化公司，1999。

10　台北：台灣大學出版中心，2009。

11　台北：麥田出版社，2006。

12　台北：台灣大學出版中心出版，2011。

引中、外文學理論來闡釋中國文學的美學特色，主要目的都在呼應陳、高兩位的論點，而「抒情」已隱然被許多人視為「中國古典文學」中最「光榮的傳統」了！

然而，即使只以中國「詩歌」歷史來看，「抒情」是否比儒家的「言志」之說更重要便值得探討。據《論語‧公冶長》篇所載，孔子（551-479B.C）曾問其弟子：「盍各言爾志？」子路（542-480B.C.）回答：「願車馬衣裘與朋友共，敝之而無憾。」顏淵（521-481B.C.）則答：「願無伐善，無施勞。」最後，孔子本身則說明自己的「志」為「老者安之，朋友信之，少者懷之。」[13]上引三位被儒家奉為聖賢們所說的「志」，都是指人應「超越自己」，而「為他人」奉獻。同書的〈陽貨〉篇也記載：「子曰：『小子！何莫學乎詩？詩可以興，可以觀，可以群，可以怨。邇之事父，遠之事君。』」[14]其內容也是在強調「學詩」應以「養成自己，服務他人」為目的。到了孟子（372-289B.C.），他更以不論是否得「志」都不應影響對「道」的遵行來描述「大丈夫」。他說：「居天下之廣居，立天下之正位，行天下之大道。得志，與民由之；不得志，獨行其道。富貴不能淫，貧賤不能移，威武不能屈，此之謂大丈夫。」[15]到了漢朝，這一儒家的正統傳承已明確的在詩歌領域裡形成了《詩‧大序》：「詩者，志之所之也，在心為志，發言為詩。情動於中而形於言，…。」[16]

---

13 潘重規：《論語今注》，（台北：里仁書局，民國 89 年），頁 990。
14 同上註，頁 386。
15 武修文：《孟子》，第一冊，（台北：致良出版社，民國 80 年），頁 232。
16 竹添光鴻：《毛詩會箋》（一），（台灣：大通書局，民國 9 年），頁 29。

的「詩言志」說了。而形成這一傳統的關鍵，正是中國傳統「詩人」所具有的特殊身分。何寄澎對此曾有如下的描述：

> 中國古典文學的「作者」不是一般的作者，從本質來看，他們是「知識份子」，是「士」。做為一個「士」，他們有特殊的精神、懷抱——即政治關懷，即所謂「道」，唯有「道」加上他們的「技」/「藝」，才成為他們所願創作、所肯認的作品。而「士」的生命歷程又決定其創作旨歸終在詠懷——政治參與與政治關懷是「士」生命的核心意義：「為官」是他們政治參與的實踐，「載道」是他們政治關懷的表徵，「抒情」是他們政治挫折的寬解、發洩與告白。[17]

　　這段文字所論述的對象雖是「文章」的作者，但因中國古典「詩歌」的作者，其身分也多屬這類「以兼善天下為職志」的「士」，因此，當他們在政治上遇到挫折時，藉著書寫「抒情」詩也就成為他們寬解或發洩內心情感的方式了。

　　事實上，若從文化思想史的角度來觀察，多數中國傳統的「士」往往將「情」與「性」合論，而「情」則常被視為「負面」的代表，譬如唐朝的李翱（774-836）在〈復性書·上〉說：「人之所以為聖人者，性也；人之所以惑其性者，情也。喜、怒、哀、懼、愛、惡、欲七者，皆情之所為也。」

---

17 何寄澎：《古典散文敘事傳統之研究——從先秦到唐宋》（96-98 年度國科會三年期專題研究計畫結束報告，NSC96-2411-H-002-053-MY3）。

[18]直接指明「七情」是迷惑「人性」的驅力。李氏在〈復性書・中〉裡更說：「情本邪也、妄也。」[19]將「情」明確評定為「邪」與「妄」。又如宋朝的理學家邵雍（1011-1077）在〈觀物外篇〉說：「性公而明，情偏而暗。」「任我則情，情則蔽，蔽則偏而暗矣。」[20]他用來說明「情」的，也是「蔽」與「偏而暗」等含有負面意思的用語。再如以提出「情景交融」之說而備受後代詩論家所稱譽的王夫之（1619-1692）為例，他在《讀四書大全說》裡也提出「性為道心」、「情為人心」，而「性為心之主」、「心為情之主」的說法。[21]可見他是從層次高低的角度出發，來提出「情」的地位遠遜於「性」的說法。

　　陳世驤會提出「中國抒情傳統論」的原因，若從溯源的角度來考察，極可能源於兩大背景：其一是自清朝末年起，知識分子對國勢衰微的焦慮與對國家文化失去了信心；其二是從比較文學的領域來評價中、西文學，從而希望能找出中國文學能與西方文學等量齊觀的特色。底下的例子或可視為這兩大背景的例證：

　　梁啟超（1873-1929）在清朝末年時的〈小說叢話〉裡曾說：

18　卞孝萱等：《韓愈評傳──附李翱評傳》，（南京大學出版社，1998），頁 526-527。
19　同上註，頁 527。
20　趙玲玲：《邵康節觀物內篇的研究》，（嘉新水泥公司文化基金出版，民國 62 年），頁 59。
21　王夫之：〈讀四書大全說〉，收於《船山全書》，第六冊，（湖南：岳麓書社，2011），頁 947-948。

> 泰西詩家之詩，一詩動輒數萬言，…而中國之詩，最
> 長者如〈孔雀東南飛〉…罕過二、三千言。…吾昔與
> 黃公度論詩，謂即此可見吾東方文學家才力薄弱，視
> 西哲不慚色矣！[22]

王國維於 1904 年在〈教育偶感〉中說：

> 我國之大文學家有足以代表全國民之精神如希臘之
> 鄂謨爾（即荷馬）、英之狹士丕爾（即莎士比亞）、
> 德之格代（即歌德）者乎？吾不能答也。其所以不能
> 答者，殆無其人歟？…我國之文學不如泰西，…無可
> 諱也。[23]

　　錢鍾書（1910-1998）也在 1935 年發表的〈中國古典戲
劇中的悲劇〉裡說：

> 悲劇自然是最高形式的戲劇，但恰好在這方面，我國
> 的古代戲劇作家卻無一成功。[24]

　　這些著名學者對中國文學會失去自信，顯然與他們對當

---

22 梁啟超：《新小說》，7 號，1903。
23 王國維：〈教育偶感〉，原收於《教育世界》，73 號。1904.04。後收入
　　其《靜安文集》第五冊。（台北：文華出版公司，1979），頁 1761。
24 錢鍾書：〈中國古典戲劇中的悲劇〉，收於《中外比較文學的里程碑》。
　　（人民文學，1997），頁 319。

時國家衰頹的憂心、對民族未來的焦慮息息相關。不過,即使在這種普遍現象中,仍有一些專業精湛的學者以冷靜的心來面對這些充滿失落與感慨的說法。譬如聞一多(1899-1946)便在 1943 年的〈文學的歷史動向〉中寫道:

> 印度、希臘,是在歌中講著故事,他們那歌是比較近乎小說、戲劇性質的,而且篇幅都很長。而中國、以色列,都唱著以人生和宗教為主題的較短的抒情詩。[25]

從事比較研究的人,不僅需擁有寬廣的視野,更要講究心態的客觀與公正,因為只有如此,才能將被比較的雙方準確地圈定在相應的項目上;同時,為使評價能更為周延,也會把比較的項目先置於各自的文化傳統內去分析與了解,以取得更為宏闊的比較基礎。聞一多的說法即因建立在這些條件上而顯得更具說服力。陳世驤應即受到聞氏這一論點所影響,故而才會在 1971 年的〈中國的抒情傳統〉裡強調「抒情詩」在「中國文學傳統」中的重要地位,他說:

> 抒情詩就像史詩、戲劇在西方傳統中那樣,自來就站在最高位置。[26]

底下,筆者將以唐朝詩人白居易(772-846)的「詩觀」

---

25 孫黨伯、袁謇政:《聞一多全集》,第十卷,(湖北:湖北人民出版社,1993),頁 16。
26 同註 1,頁 37。

為代表,藉由分析他對「抒情」類詩歌的看法,來推論「抒情」能否被確定為中國詩史裡的「光榮傳統」這一說法。筆者的理由是白居易一生不僅詩歌創作不斷,總共寫下三千八百多首詩歌,在數量上獨居歷來詩人的鰲頭,同時,他的詩歌更具有內涵豐富、體裁多樣、文辭雅俗兼具、聲律和諧悅耳等特質。此外,更引人矚目的是他的好友元稹(779-831)對其詩歌的描述:「二十年間,禁省、觀寺、郵候、牆壁之上無不書;王公、妾婦、牛童、馬走之口無不道;至於繕寫模勒、衒賣於市井,或持之以交酒茗者,處處皆是。」[27]清楚地指出在中唐時期,不論是社會的那一階層、那些地方、或是那種場合,都能看到白居易的詩歌,或聽到有人吟哦朗誦。但最重要的是,白居易能從一介平民,做到朝廷的「刑部侍郎」、「太子少傅」等大官,甚至還被晉封為「馮翊縣侯」,明明是因為他在政治上有傑出的作為和巨大的貢獻所致,譬如在朝廷上,他曾於元和三年擔任「左拾遺」之官而屢屢上陳時政,提出了:請降繫囚、蠲租稅、放宮人、絕進奉、禁掠賣良人、…等諸多建言而都被朝廷採納,因而造福了許多貧弱的百姓,也提升了朝廷的施政品質。又如他任職於地方時,曾在短短的兩年杭州刺史任內,成功地整治西湖、疏濬六井,解決了長久以來困擾該地區百姓的水、旱問題,使他在任滿而被調任其他職位時,出現了「耆老遮歸路,壺漿滿別筵」的動人場面。[28]稍後,也在蘇州刺史任上,因順

---

27 元稹:〈白氏長慶集・序〉,《元稹集》,下冊。(北京:中華書局,2010年,第二版),頁642。

28 白居易的〈別州民〉詩為:「耆老遮歸路,壺漿滿別筵;甘棠無一樹,

利簡化了當地的法令、均攤人民的賦稅、公平地實施勞役等，
讓該地百姓得以真正生養休息，而造成他於任滿離開時，並
再一次出現官吏與百姓們送行長達十里之遠的盛況。29這些
作為，都可說明白居易真是一位典型的以「兼濟天下」為己
任的傑出儒官。然而，當他於 75 歲辭世時，皇帝唐宣宗弔唁
他的詩竟是如此寫的：

> 綴玉聯珠六十年，誰教冥路作詩仙。浮雲不繫名居
> 易，造化無為字樂天。童子解吟〈長恨〉曲，胡兒能
> 唱〈琵琶〉篇。文章已滿行人耳，一度思卿一愴然。30

　　身為天下的統治者及白居易的最高長官，用來表彰白氏
一生的竟然並非他在政治上的功績，而是強調他的「詩歌」
與「文章」在當時是多麼「流行」！這一現象，難道不是顯
現出白居易在當代大多數人的心中，包括皇帝在內，已經成
為一位胸懷「居天下之廣居，立天下之正位，行天下之大道。
得志，與民由之；不得志，獨行其道。」的「文士」與「詩
人」的代表嗎？以他的「詩觀」為例來分析他對「抒情」的
看法，應該足以讓我們來判斷「抒情」是否能夠被視為中國

那得淚潸然？稅重多貧戶，農饑足汗田；唯留一湖水，與汝救凶年。」
請見顧學頡、周汝昌選注：《白居易詩選》。（北京：人民文學出版社，
1997），頁 289。

29 白居易的〈別蘇州〉詩：「青紫行將吏，斑白列黎甿；一時臨水拜，十
里隨舟行。」引自謝思煒：《白居易詩集校注》，第四冊，（北京：中
華書局，2006），頁 1691。

30 楊宗瑩：《白居易研究》，（台北：文津出版社，民國 74 年），頁 79。

詩史裡的「光榮傳統」！

在「創作詩歌」上，白居易從十餘歲起即開始寫詩，而且一直到終老為止，幾乎從來不曾中斷過。因此，白氏對「詩歌」的認知到底如何？顯然具有能否真正了解其詩歌的意蘊與特色的關鍵地位！然而，若想瞭解他這一「詩觀」的內容是甚麼，似乎不能不問：他這一「詩觀」是否未曾改變？以及他所創作的詩歌會涵蓋這麼多不同的題材、形體與文辭風格，到底是為了配合他想達成的特殊目的與表現的特別主題所致？抑或是因為受到他在年齡上的改變與不同的境遇所影響？因此，筆者雖然同意學者朱金城用「白居易的詩歌成就，是和他的生活經歷以及他生活著的那個時代分不開的。」[31]來描述「詩歌」與「白居易的生活」之關係；同時，在白氏於不同的時期中所創作的詩歌內容、題材與主題會有明顯的差別上，也贊同日本學者靜永健所指出的，這應該和「他心中所預設的讀者與聽者」有密切關係；[32]但仍希望能夠對白居易一生是否具有未曾改變過的根本「詩觀」這一問題進行探索。而為了能對這一問題提出比較深刻與明確的答案，底下將以白氏在年齡上的增長與經歷上的改變為論述軸線，把他的「詩觀」區分為數期，先分別勾勒出他在「每一期」內所表現出來的主要詩觀，然後，再將它們綜合起來，嘗試以白氏的一生確實擁有「一個」不曾改變的詩觀－詩歌的「實用

31　朱金城：《白居易研究》，（台北：文史哲出版社，民國 81 年），頁 263。
32　譬如日本學者靜永健便說：「白居易的諷諭詩，其第一讀者設定為天子。」請見其《白居易寫諷諭詩的前前後後》，劉維治譯，（北京：中華書局，2007），頁 13。

性」作結！

二、白居易的「詩觀」：兼具「為己」與「為人」的功能

　　若從白居易的一生在詩歌上的創作與他對詩歌的看法來觀察，他的「詩觀」大約可劃分為三期。在這三期中，他的「詩觀」雖然重點有異，卻仍含有一個不變的中心，即詩歌具有「實用性」：

（一）入仕之前：「詩歌」具有讓他「進入仕途」的「實用」功能

　　白居易祖籍太原，唐代宗大曆七年（772）出生於鄭州新鄭縣。父親白季庚（729-794）為明經出身，因於唐德宗建中年間（780-781）在徐州抵抗東平節度使李正與李納父子的叛亂而頗有功績，故由彭城令加檢校大理少卿，後更兼襄州別駕。白居易十一歲時，因受到當時節度使叛亂的影響，而隨家搬至越中避難。有學者認為，白居易今存最早的詩歌為〈將南送北客因憑寄徐州兄弟書〉：「故園望斷欲何如？楚水吳山萬里餘。今日因君訪兄弟，數行鄉淚一封書。」[33]是他在十五歲時寫所的。[34]這首詩值得注意之處，在它透露了白氏自幼小即有的「詩觀」：詩歌具有「實用性」。譬如：這首詩就像書信般具有聯絡彼此的功能，它也可記載詩人自身的

33　同註 30，頁 33。
34　朱金城以詳細的考證為據，主張此說有誤。請見註 31，頁 232。

遭遇，以及它也能抒發詩人的內心感受，…等。而大約與此同時，白居易更因非常仰慕吳中地區的兩大地方主官：蘇州牧韋應物（737-792）與杭州牧房孺復（756-797）之間的「詩酒風流」，而在心中產生自己的未來也能如此的盼望。[35]

　　十八歲時，白居易到京城長安，並以詩謁見[36]著作郎顧況（725-814）。由於其卷首篇為〈賦得原上草送友人〉：「咸陽原上草，一歲一枯榮。野火燒不盡，春風吹又生。」而獲顧況讚賞。[37]二十三歲時，白居易因父親在襄州別駕任上辭世，致家境陷入窘況。守喪三年期滿後，他到浮梁縣依附擔任該縣主簿的大哥白幼文。後來，白居易因在該地的鄉試中表現優異，被宣州刺史崔衍推薦至長安參加進士科考；次年，即唐德宗貞元十六年（800），白居易以進士第四名登第。兩年後，他與元稹、崔玄亮等八人同在「書判拔粹科」上登科。貞元十九年（803），白氏獲派任祕書省校書郎，正式進入仕途，此時的他為三十一歲。值得注意的是，白氏曾將自己與弟弟白行簡（776-826）能通過科舉考試，進入仕途，歸功於

---

35 白居易在其〈吳郡詩石記〉裡回憶此事，說：「貞元初，韋應物為蘇州牧，房孺復為杭州牧，皆豪人也。韋嗜詩，房嗜酒，每與賓友一醉一詠，其風流雅韻，多播於吳中。…時予始年十四、五，…以當時心言，異日，蘇、杭苟獲一郡，足矣！」請見謝思煒：《白居易文集校注》，第四冊，（北京：中華書局，2011），頁18370。

36 唐朝的貢舉考試，批閱試卷時並未規定必須糊名，所以應舉人能否被錄取，可說全然取決於主考官。但主考官除了考量應舉人的試卷成績外，也會參考他們的文學名聲與各方的推薦之詞。因此，應舉人為了加深主考官對自己的印象，在到達京師後，常會將自己的文章寫成卷軸，獻給當時的達官名士，請他們向主考官推薦自己，或透過讚揚之舉來增加自己的文學名聲。這種行為叫做「行卷」，而這種風氣即稱為謁見之風。

37 姜漢椿：《新譯唐摭言》，卷7，（台北：三民書局，2005），頁2370。

母親的教導；這可由他在紀念父親去逝的〈襄州別駕府君事狀〉[38]中看出：

> 諸子（白氏與其弟弟）尚幼，…未就師學。夫人親執詩書，晝夜教導，恂恂善誘，…十餘年間，諸子皆以文學仕進，…實夫人慈訓所致也。

在這段感懷父母教養之恩的文字中，白居易清楚地表達了他孩提時因家境貧困，所以和弟弟並沒有拜師學習的機會，而是由母親親自教導。但值得注意的是，當他們在用功學習時，母親於無形中已教給他：「詩歌文學」具有讓他進入仕途的「實用」功能。

（二）元和元年至九年：「詩歌」應在政治上發揮「美刺」功能，但希望對自己的「詩歌」能「刪其煩而晦其義」

唐憲宗元和元年（806），白居易歲三十五歲，在罷校書郎之職後，與元稹共同退居長安水崇坊的華陽觀，奉命深入揣摩時事。白氏在該處完成了著名的〈策林〉七十五篇。在其中的第六十八篇[39]裡，白氏具體地表達出他對詩歌的看法：

---

38 白居易：〈襄州別駕府君事狀〉。謝思煒：《白居易文集校注》，第一冊，（北京：中華書局，2011），頁 404。

39 請參《白居易集》，第二冊，〈策林〉四，第 68 篇，（台北：漢京文化公司，民國 73 年），頁 1369。

懲勸善惡之柄，執於文士褒貶之際焉；補察得失之
端，操於詩人美刺之間焉。

　　他採用「詩人」與「文士」並舉的方式，表達出自己在
此一時期裡的最重要「詩觀」。他認為，詩人與文士的責任
與才能並不全同；當寫文章時，身分即是「文士」，而寫作
「文章」應以「褒貶」為念，透過其文章來鼓勵善行，懲罰
惡人；至於創作詩歌時，身分當然就是「詩人」，此時，心
中所固守的便是如何創作出具有「頌美或諷刺」功能的詩歌，
以「補救或考察」政治上的得或失；換言之，白氏主張「詩
歌」必須具有「實用性」，而其主要功能則是「補察」時政
的得失。至於詩人創作詩歌的目的，就是將詩歌這一與政治
緊密結合的「功能」發揮出來。
　　不久，白居易與元稹一起登上「才識兼茂明於體用科」；
不過，白氏因對策的用辭過於直切而被列入第四等，授盩厔
縣尉。盩厔縣位於陝西之內，離京城長安並不太遠；白居易
到該地任職不久，即結識了陳鴻（貞元二十二年進士）與王
質夫（盩厔縣布衣隱士），三人常一同出遊，並以詩歌唱和，
成為詩友。陳鴻在其〈長恨歌傳〉[40]裡說：

　　　元和元年冬十二月，太原白樂天自校書郎尉于盩厔，
　　　鴻與瑯邪王質夫家於是邑，暇日相攜游仙游寺，話及
　　　此事，相與感嘆。質夫舉酒于樂天前，曰：「夫稀代

40　陳鴻：〈長恨歌傳〉，引自謝思煒：《白居易詩集校注》，第二冊，（北
　　京：中華書局，2006），頁392。

之事，非遇出世之才潤色之，則與時消沒，不聞于世。
樂天深於詩，多於情者也，試為歌之，如何？」樂天
因為〈長恨歌〉。

仙游寺位於長安西南三十多華里，南倚終南山，是歷代
佛教法塔與道教樓觀的勝地，所以充滿許多道、佛兩教的傳
說故事。陳鴻指出，他們三人到仙游寺遊覽時，因王質夫認
為白居易在詩歌創作上具有「出世之才」，而唐玄宗與楊貴
妃的傳說故事則屬於「稀代之事」，所以建議白氏將該事件
寫成詩歌，使其得以流傳下去。白氏果然因此完成了名作〈長
恨歌〉，而且廣傳於天下。[41]有關〈長恨歌〉的主題是愛情？
是隱事？是感傷或諷諭？…等，歷來的學者雖頗有爭執，並
各有論據，但主張「諷諭」之說的推論則越來越有新見；[42]換
言之，在眾多的看法中，主張此篇詩歌含有「實用功能」、
因其主題係在諷刺「懲尤物窒亂階，刺男女不常、陰陽失倫」
之說法[43]顯然越來越普遍。不過，不變的事實則是這首長篇
詩歌已經越傳越廣了。

元和二年（807），白居易調任京兆府考官，且先後加授
翰林學士、集賢殿書院校理。白氏擔任這些官職時，以其豐
富的學識與高明的文筆進行了刊輯古今經籍以明國之大典，

---

41 白居易在〈與元九書〉裡說：「及再來長安，又聞有軍使高霞寓者，欲
　聘倡妓。妓誇大曰：『我誦得白學士《長恨歌》，豈同他妓哉！』由是
　增價。」請見《白居易傳》，第二冊，（台北：里仁書局，民國 69 年），
　頁 963。
42 張中寧：《白居易〈長恨歌〉研究》，（北京：中華書局，2005），頁 10-92。
43 同上註，頁 10-92。

並奉旨撰集文章、承旨徵求賢才與可施行籌策等工作。隔年，白氏因任職「左拾遺」而屢上建言，如：請降繫囚，躅少租稅，釋放宮人，斷絕進奉，禁止劫賣良人，…等，並且都被朝廷採納，這些政策既造福了弱勢百姓，也宣揚了朝廷的恩澤。元和四年潤三月，白氏為了更深刻的盡到「拾遺」職位的責任，更創作出寓含「諷諭」性質與功能的〈新樂府五十首〉。[44]這一組詩歌不但廣傳於朝廷中，還獲得皇帝的肯定。白氏在這組共計五十首詩歌的「序」[45]裡說：

> 凡九千二百五十二言，斷為五十篇。篇無定句，句無定字，繫於意，不繫於文。首句標其目，卒章顯其志，《詩三百》之義也。…其辭質而徑，欲見之者易諭也。其言直而切，欲聞之深戒也。其事覈而實，使採之者傳信也。其體順而肆，可以播於樂章歌曲也。總而言之，為君、為臣、為民、為物、為事而作，不為文而作也。

　　在這段文字裡，白氏提出「樂府詩」不但內容應該採自

---

44 多數學者認為，白氏〈新樂府五十首〉係應和元稹〈和李校書（紳）新題樂府十二首〉而作，而元稹該組樂府詩則應和李紳〈新題樂府二十首〉而作。然據日本學者靜永健從這三位詩人的經歷、交誼、三人的樂府詩之體裁、用詞，甚至是寫作的目的等不同角度詳細論證後，提出白氏的樂府詩與李氏、元氏之作不同，可說是唯一繼承《詩經》以「諷刺」之義為主旨的作品。請見日本‧靜永健著，劉維治譯：《白居易寫諷諭詩的前前後後》，（北京：中華書局，2007），頁 79-100。

45 白居易：〈新樂府五十首‧并序〉，謝思煒：《白居易詩集校注》，第一冊，（北京：中華書局，2006），頁 267。

可以信靠的事實，詩歌的形體也需選擇能夠合於樂章的「樂
府」類型，因為這一類型的詩歌，可以通過悅耳動聽的曲調
來以吸引人們聆賞。此外，詩歌的文詞也必須淺顯直切，以
達到讓聆聽者容易瞭解詩歌的真實涵義，進而在聽完之後能
產生警醒自己的效果。為了使這五十首「樂府詩」都能達成
這些功能，白居易自己乃在每一首詩歌的卒章部分，都明白
說出他寫作這一「樂府」系列詩歌的心「志」，是要繼承儒
家經典《詩經》所宣示的教化目的，也就是《詩‧大序》所
說的：「詩者，志之所之也，在心為志，發言為詩。」以及
孔子說的：「詩可以興，可以觀，可以群，可以怨。邇之事
父，遠之事君。」等的「實用功能」。由此可推知，白居易
顯然認為官員也是詩人，而官員推動政務的有效方法之一，
就是化身為詩人，透過創作出具有「諷喻」功能的詩歌來達
成施政的目標。白居易指出他創作這些「樂府詩」的目的，
就是想真誠地表達出自己由衷希望能侍奉國君、服務大臣，
然後形成政策，以實現關心人民、百事與萬物的心「志」，
而不是企圖表現自己的精采文詞與高明的創作技巧。換言
之，白氏因居於自己的「左拾遺」職責，希望創作出讓天子
與重臣們在聆聽與閱讀之後，能更加瞭解人民的生活與社會
的實況，進而深自惕勵的詩歌。

　　在同一年，白居易還創作了另一組與〈新樂府〉齊名的
「諷諭」名作〈秦中吟〉。他在這組包括了〈議婚〉、〈重
賦〉、〈傷宅〉、〈傷友〉、〈不致仕〉、〈立碑〉、〈輕
肥〉、〈五弦〉、〈歌舞〉、〈買花〉等十首詩的〈秦中吟〉
前頭，與他的〈新樂府〉一樣，也附有一段小「序」。其文

字為：「貞元、元和之際，予在長安，聞見之間，有足悲者。因直歌其事，命為〈秦中吟〉。」[46]它簡要地說明了這十首也是一組屬於「為事而作」的詩歌，是他在長安時，親自看見或聽到的足以讓人感嘆、悲痛的事情而寫成的「諷諭」性詩歌。事實上，白居易在他自行編輯的《詩集》之末，也有詩題曰：「一篇長恨有風骨，十首秦吟近正聲。每被老元偷格律，苦教短李伏歌行。世間富貴應無分，身後文章合有名。莫怪氣粗言語大，新排十五卷詩成。」[47]詩中的「老元」指元稹，白氏在此指出，他與元稹會時常討論詩歌的創作技巧－特別是在「格律」上。至於「短李」則是指另一著名的詩人李紳（772-846），是一位當時對自己的「歌行體」詩歌非常自負的詩人；因他的身高比較矮，所以白氏乃笑稱他為「短李」。白氏在這裏說，好友李紳如今對我的歌行體作品應該會感到佩服吧！從白居易在此將〈秦中吟十首〉稱為「正聲」來看，這組詩歌在他心目中應該也可算是他的「諷諭詩」之典型作品。而同時值得注意的是，白居易認為「詩歌」與「文章」具有讓其作者「名垂後世」的「功能」。

　　此外，白居易在元和五年作的〈和答詩十首〉之「序」[48]也值得關注，他說：

> 頃者在科試間，常與足下（指元稹）同筆硯。每下筆

---

46 白居易：〈秦中吟・序〉，謝思煒《白居易詩集校注》，第一冊，（北京：中華書局，2006），頁154。
47 同上註，頁212。
48 白居易：〈和答詩十首・并序〉，同上註，頁212。

　　時，輒相顧語，共患其意太切而理太周，故理太周則
辭繁，意太切則言激。然與足下為文，所長在此，所
病亦在於此。足下來序，果有詞犯文繁之說。今僕所
和者，猶前病也。待與足下相見日，各引所作，稍刪
其煩而晦其義焉。

　　白氏在此明白指出，他與元稹的詩歌－尤其是「樂府」
體的作品，雖然在當時都非常流行，然而作品中卻也都含有
「理周辭繁，意切言激」的性質，也就是因「說理」過於「周
延」而使「用詞繁瑣」，因「表意」太過「真切」而致「語
言」太過「激烈」的缺失。因此，他希望兩人下次見面時可
以一起討論這些毛病，使兩人的詩歌能夠「刪其煩而晦其
義」。由於白氏早期所重視的是如何發揮詩歌的「實用」功
能，並且以創作出許多這類容易使人朗朗上口的詩歌而受到
器重，所以甚少論及詩歌的「藝術性質」，因此，這一段文
字可說是白居易的詩論中彌足珍貴的文獻。

　　元和六年（811），白居易因母親去逝而罷官丁憂；三年
後，授太子左贊善而重返長安。他到京城之後，因率先上疏
急請追查刺殺宰相武元衡之事，因而得罪了許多未能及時將
該事件上奏給皇帝的朝臣們，也因此在元和十年（815）被貶
為江州（九江）司馬。而正是在江州任上的三年中，白居易
的詩觀有了明顯的改變，亦即：從認為詩人應該以「兼濟」
國家社會之「志」來創作詩歌，逐漸偏向創作詩歌也具有讓
自己得到身心安頓的「獨善」功能。

（三）元和十年之後：詩歌可「悅性情」，
但應求臻於「神妙」之境

　　元和十年，白居易四十五歲。以這樣的中壯之年而被貶任江州的「司馬」——一個既無權力，也沒有責任，且「進不課其能，退不殿其不能，才、不才，一也。」的空泛職位之後，白居易乃將原本的「濟世」之心轉向遊覽江州之地的青山綠水之美。後來，甚至在廬山的香爐峯下蓋了一間草堂，與道士頻頻往返，練習燒汞，研究煉丹，追求如何可以長生之道，並產生「隱居」於該地的想法。但也是因為了有這樣的閒適生活，讓他有機會在此將自己在先前所創作的八百首詩歌編輯為十五卷《詩集》。[49]在這本集子裡，白氏將裡面的詩歌歸納為「諷諭詩」（150首）、「閑適詩」（100首）、「感傷詩」（100首）與「雜律詩」（400多首）等四類，同時也說明了他的詩觀。在有關「諷諭詩」部分，白居易說：

> 自拾遺，凡所適、所感，關於美刺興比者；又自武德迄元和，因事立題，題為〈新樂府〉者，共一百五十首，謂之「諷諭詩」。[50]

---

49 從此時開始，白居易在其一生中數度將自己的作品加以匯合、整理，並編輯成「詩集」或「文集」；或許這可視為白氏年輕時的「行卷」動作之延續。只不過，以前的他是希望藉此展現創作成果，來取得高官的讚賞，以增加自己入仕的機會，而今則是希望透過由自己親自整理出來的成果，來記錄自己的一生與博得永世的聲名。

50 白居易：〈與元九書〉，《白居易集》，第二冊，（台北：里仁書局，民國69年），頁964。

　　在被白氏列入「諷諭詩」的一百五十首詩歌裡，五十首
〈新樂府〉的要旨已如前所述，乃是繼承了「《詩三百》之
義」的作品；至於其他一百首「諷諭詩」的主要目的，也可
以從他在「諷諭詩」類的第二首（卷一）〈讀張籍古樂府〉
中形容張籍（766-830）的詩句表現出來；他在該首詩說：「為
詩意如何？六義互鋪陳。風雅比興外，未嘗著空文。」又說：
「言者志之苗，行者文之根。所以讀君詩，亦知君為人。」[51]
這裡所謂的「六義」、「風雅比興」、「言志」等，顯然都
是繼承了《詩經》以降的儒家傳統，故而其內容當然也是屬
於「因事立題」者，而其目的則在達成「美刺」得功能。[52]

　　然而，筆者認為更值得注意的則是白居易在同一年寫給
當時也被貶為通州司馬的好友元稹的信〈與元九書〉。[53]他
在書信中對元稹說：

　　　古人云：窮則獨善其身，達則兼濟天下。……故僕志
　　　在兼濟，行在獨善；奉而終始之則為道，言而發明之
　　　則為詩。謂之「諷諭詩」，兼濟之志也；謂之「閑適
　　　詩」，獨善之義也。故覽僕詩，知僕之道焉。其餘「雜
　　　律詩」，或誘於一時一物，發於一笑一吟，率然成章，

51　白居易：〈讀張籍古樂府〉。引自謝思煒《白居易詩集校注》，第一冊，
　　北京：中華書局，2006，頁 8。
52　靜永健著，劉維治譯：《白居易寫諷諭詩的前前後後》，（北京：中華
　　書局，2007），頁 11。
53　謝思煒：《白居易詩集校注》，第一冊，（北京：中華書局，2006），
　　頁 964-965。

　　非平生所尚者；但以親朋合散之際，取其釋恨佐歡。

　　白居易雖然明白指出，「諷諭詩」與「閑適詩」本是他創作詩歌的兩大重心，前者在表達他的「兼濟天下」之「志」，而後者則載明他的「獨善己身」之「行」；而他之所以創作這兩種詩歌，乃是在實踐一生信奉不渝的「道」，也就是孟子所說的：「得志，與民由之；不得志，獨行其道。富貴不能淫，貧賤不能移，威武不能屈。」[54]的儒家觀念。但是，筆者卻希望在這裡特別強調，白居易雖用「非平生所尚」來形容他上列兩種詩歌之外的「其他種類」詩歌，包括「雜律詩」與「感傷詩」，但也非常清楚地指出，他所創作的這些詩歌乃是自己與親友聚合離散之時，將內心之中的情感如實表現出來的率性之作，也就是對自己也有「釋恨佐歡」的「實用」功能，所以才會將它們也收入自己的《詩集》之中。

　　白居易對自己的詩歌進行這樣的分類當然有其立場與目的！但即使如此，我們仍然可以從另外的分類角度來分析他的詩歌。譬如說，若改從「詩人寫作時的心態」是「為他人」或「為自己」，或者是「詩歌的影響力」是屬於「積極性」或「消極性」等角度來分類的話，則白氏上列那四種詩歌中，應該只有比較重視「言志」性質與「兼濟」功能的「諷諭詩」一種，是屬於「積極性」的「為他人」的詩歌；至於追求「獨善」的「閑適詩」，或讓自己個人得以「釋恨、佐歡」的「雜律詩」與「感傷詩」等三種，便都是屬於「消極性」的「為

54　武修文：《孟子》，第一冊，（台北：致良出版社，民國 80 年），頁 232。

自己」的抒發而寫的詩歌了。換言之，白氏所區分的上列四
種詩歌若以「詩人寫作時的心態」為立足點來觀察，其實也
可以劃分為「積極性的為他人而作」與「消極性的為自己而
作」兩大類。

　　此外，白居易為何對自己的詩歌會有如此的分類？這四
種在性質或功能上既然並不全然和諧、甚至可說是彼此矛盾
的詩歌，白氏是如何看待它們的？…這些問題，對於寫下這
麼多詩歌，並親自將它們慎重地編輯成集的白居易而言，當
然很重要，而且必須解決。幸好，它們應可化約為兩大課題，
即：白氏認為「詩歌」的性質是甚麼？以及「詩歌」與「他」
個人的關係如何？而事實上，白居易在其〈與元九書〉[55]裡
也已經間接地對這兩個問題提出了答案。他在這封書信裡說：

> 夫文尚矣！三才各有文。天之文，三光首之；…人之
> 文，六經首之。就六經言，《詩》又首之，何者？聖
> 人感人心而天下和平；感人心者，莫先乎情，莫始乎
> 言，莫切乎聲，莫深乎義。詩者，根情，苗言，華聲，
> 實義。上自聖賢，下至愚騃，…群分而氣同，形異而
> 情一；未有聲入而不應，情交而不感者。聖人知其然，
> 因其言，經之以六義；緣其聲，緯之以五音。音有韻，
> 義有類；韻協則言順，言順則聲易入。類舉則情見，
> 情見則感易交。

55　白居易：〈與元九書〉，《白居易集》，第二冊，（台北：里仁書局，
　　民國 69 年），頁 960。

其中的「人之文，六經首之」、「聖人感人心而天下和平」、「聖人知其然，經之以六義」等句之含意，與儒家學說中的「由聖人到六經，到六義，再到天下」[56]之論述可說十分吻合，因此，將白居易「此時的詩觀」視為繼承自儒家的詩歌傳統應當有其根據。不過，如果我們願意從更為寬廣的視野來看，應該也可發現白居易這一詩觀實頗具「體系性」，因為這一段文字先說明「宇宙」係由天、地、人等三大要素所組成，而這三大要素則各有自己的運行法則，稱為「文」；因此，「宇宙」之內乃交織著「天文」、「地文」與「人文」等不同景況。其次，在「人文」領域裡，最根本的「法則」乃是由《詩》、《書》、《易》、《禮》、《樂》、《春秋》等六部經籍所組成的「六經」，而這「六經」中則以「詩歌」最為重要；因為只要是「人」，不論其聰明才智屬於聖賢或愚騃，或在外貌上與其他人有多麼不同，每個人都同樣擁有維持生命的「氣」、內「心」的活動、以及使其「心」動的各種「情」。再其次，人類經過長久的奮鬥後，終於漸漸形成以合作為基礎的「群聚」生活，而因合作需建立在彼此的溝通上，故而用來傳遞「心」中之「情」與「義」的「語言」乃成為生活中的必備品；又因「語言」需透過「聲音」來傳達，所以不可能會發生聲音（及語言）進入人的「心」之後竟然會沒有反應，以及「情義」已有交流後卻沒有產生感動等情形。最後，白居易乃提出：因為「詩歌」正是「以情為根，以言為苗，以聲為花，以義為果」的結晶，所以「人」

---

56 從《荀子》、《詩經・大序》到《文心雕龍》、韓愈〈原道〉等所串成的儒家詩文論述，就是秉持這種說法。

與「詩歌」實在密不可分，而且「人」將「終生」對此奉行
不渝。

　　換言之，這封書信應該已經透露出從這一年開始，白居
易雖然仍遵守儒家的「兼濟」思想，強調「詩歌」對國家社
會的「實用功能」，並仍重視「言志」的「諷諭詩」。但是，
從他所創作的「閑適詩」、「感傷詩」與「雜律詩」等「用
來」安頓自己內心的作品之數量上比前一類作品要超出甚
多，而且主要原因為白氏已把詩歌的創作融入自己的日常生
活中來看，白居易的「詩觀」在重心上已經有了轉移的情形。

　　這一情形，從白居易在元和十一年創作的另一篇與〈長
恨歌〉齊名的長詩〈琵琶行〉也可以看出來。他在這一詩篇
的「序」[57]裡說：

> 元和十年，予左遷九江郡司馬。明年秋，送客湓浦口，
> 聞舟中夜彈琵琶者。…聽其音，錚錚然有京都聲。問
> 其人，本是長安倡女，…年長色衰，委身為賈人婦。
> 遂命酒，使快彈數曲。曲罷，憫默。自敘少小時歡樂
> 事，今漂淪憔悴，轉徙江湖間…。予…感斯人言，是
> 夕始覺有遷謫意。因為長句，歌以贈之，…命曰〈琵
> 琶行〉：「莫辭更坐彈一曲，為君翻作琵琶行。…滿
> 座重聞皆掩泣。就中泣下誰最多？江州司馬青衫濕。」

　　〈琵琶行〉與〈長恨歌〉都是以「樂府」詩體來創作的

---

57 白居易：〈琵琶行・并序〉，顧學頡、周汝昌選注：《白居易詩選》，
　　（北京：人民文學出版社，1997），頁 215-217。

長詩，也同樣是藉著悅耳動聽的曲調來敘述一個動人的故事。然而，在創作者與其作品的關係上，〈琵琶行〉與〈長恨歌〉顯然並不相同，因為白居易在寫〈長恨歌〉時，所採取的是「客觀」的角度來講述一個淒艷的故事，他本人乃是一個與故事內容並無關係的敘述故事的人。但是，當他寫〈琵琶行〉時，同樣作為敘述故事的人，白居易卻選擇了「主觀」的立場，把自己融入故事之中。這樣的寫法不但使這一詩篇因而充滿了他個人的強烈情感，也產生了讓聽者深受感動的力量。

在上面引述的那一段「序」文裡，白居易先說明創作這首〈琵琶行〉的背景：自己在任職江州司馬的第二年秋季，某一天的夜晚，當他送客到潯陽江邊時，聽到江面上的舟中傳來琵琶的彈奏聲。在了解彈奏者年輕時曾於長安為倡女，且擁有歡樂的時光，而如今卻因年長色衰，以至於轉徙漂流於江湖間的遭遇之後，他的憐憫之心乃被引發出來。因此，白居易便請她彈奏數首快曲，而在她弦弦轉急下，淒淒的曲聲竟讓滿座聽者都掩面拭淚，而流淚最多的，正是身為江州司馬的白居易本人。白居易進而解釋說，那是因為琵琶女令人憐憫的境遇使他聯想到自己從朝廷被「謫貶」到九江郡的情形，所以才會比在座的人哭得更傷心。換言之，白氏在這首詩歌裡已非客觀地敘述故事、並寓含諷諭之意於其內，而是讓自己直接進入詩中，婉轉地表現出當時自己心中的情感！由此而論，這首詩歌的確可以視為白氏對詩的態度已從過去以「兼濟」為主的「諷諭」，逐漸轉為用來表達「自己內心」中的「傷感」之跡象。

　　白居易這一轉變，也可在他的〈與元微之書〉裡得到印
證。這封書信寫於元和十三年（818）夏天，是白居易為了安
慰被貶到通州擔任司馬的好友元稹而寫的。他在這封書信[58]
裡說：

> 僕自到九江，已涉三載。形骸且健，方寸甚安；下至
> 家人，幸皆無恙。長兄…至，又有諸院小弟妹提挈同
> 來，頃所牽念者…得同寒暖饑飽，此一泰也。江州…
> 地少瘴癘；…司馬之俸雖不多，量入儉用，亦可自
> 給；…此二泰也。…游廬山，…香爐峰下，見雲水泉
> 石，勝絕第一，愛不能捨，…不唯忘歸，可以終老，
> 此三泰也。

　　白居易在信裡對元稹說，自己到九江任職三年，終於體
會到一種隨遇而安、滿足當下的新人生觀。所謂人生的榮達
或挫折，例如官位的高低、職責的大小、遭遇的順逆、…等，
全非自己所能掌控。然而自己既已擁有與家人團聚、經濟無
虞，且有美麗的山水可供遊覽等三件讓自己深感泰然之事，
心裡已經感到非常滿足。這封書信清楚地顯現出白居易此時
的人生觀，已從關心世事轉向尋求自己心靈的安頓了。

　　不過，就在這一年十二月，白居易受到宰相崔群
（772-832）的幫助，奉調到忠州擔任刺史。由於該職為擁有
實際權力與責任的地方主官，白氏乃再度燃起實現「兼濟」

---

58 白居易：〈與微之書〉，《白居易集》，第二冊，（台北：里仁書局，
民國 69 年），頁 972-973。

理想的希望。兩年之後，他甚至被召回朝廷，授尚書司門員外郎、遷主客郎中、知制誥等要職，且於穆宗長慶元年（821）更加授朝散大夫、上柱國等朝廷的高階官位，因而覺得完成抱負之日已近。然而也正是在此一年，白氏因參與覆試進士及第之事而發覺自己已涉入朝臣們的黨爭、甚至是皇帝與宦官之間的衝突中，所以乃在次年主動請調杭州刺史。自此之後，他已不再認為只有留在朝廷才能實現經世濟民的抱負了。

在杭州的兩年任期中，白氏過著頗為愜意的生活，且時常宴飲、賦詩。長慶四年（824），他在施政上因有加高西湖的堤防以避免水患、疏濬六井以增加蓄水量而解決了農民常遭水、旱災之苦等大作為，故而頗獲政聲。而也是在這段時間中，白氏還將自己的詩歌與文章彙整為《白氏長慶集》五十卷，集中收入了他的兩千一百九十一首詩歌。據其中〈詩解〉[59]一詩所示，白居易在此時的主要「詩觀」確實已和從前有異：

> 新篇日日成，不是愛聲名。舊句時時改，無妨悅性情。
> 但令長守郡，不覓却歸城。只擬江湖上，吟哦過一生。

在此詩中，白居易不僅說明了「詩」在自己的生活中仍然扮演著非常重要角色：天天創作新的詩篇，時時修改舊的詩句；但卻也同時表明了自己已經不再以在朝廷上「為君、為臣、為民、為物、為事」服務為創作詩歌的最重要題材，

---

59 引自《白居易集》，第二冊，（台北：里仁書局，民國 69 年），頁 511。

而只想留在地方為官，藉著寫詩讓自己的「性情」得到「愉悅」，透過「吟哦」詩歌來度過「一生」。換言之，他的主要「詩觀」已從表達「兼濟之志」轉成「愉悅性情」了。他在心境上的這一改變，也可從他在同年稍後，因杭州刺史任滿而調任太子右庶子、再授左庶子時，主動要求朝廷讓他分司東都－也就是離開朝廷所在的京城長安而到東京洛陽去任職一事顯現出來。

白居易到洛陽之後，在詩歌領域裡最值得注意的是和另一位名詩人劉禹錫（772-842）成為詩歌酬唱與往返上最為頻繁的詩友。[60]他在〈與劉蘇州書〉裡說：

> 嗟乎！微之先我去矣，詩敵之勁者，非夢得而誰？前後相答，彼此非一。彼雖無虛可擊，此亦非利不行。但止交綏，未嘗失律。然得雋之句，警策之篇，多因彼唱此和中得之。他人未嘗能發也。[61]

這封書信凸顯出白居易對詩歌的重視，已從作品的「主題與功能」轉到詩歌的「創作技巧」上。「夢得」是劉禹錫的字，白居易在信中不但認為劉禹錫是他在詩歌創作上的強勁對手，而且是唯一能使他把「理周辭繁，意切言激」的詩歌弊病改正過來的詩友，對他的詩歌創作啟發甚大。他對劉

---

60 白居易〈醉吟先生傳〉：「退居洛下，…與彭城劉夢得為詩友。」引自謝思煒：《白居易文集校注》，第四冊，（北京：中華書局，2011），頁 1981。
61 白居易：〈與劉蘇州書〉，同上註，頁 1877。

禹錫的肯定，更可從《白氏長慶集》60 裡的〈劉白唱和集解〉[62]一文中看出來，他說：

> 彭城劉夢得，詩豪者也，其鋒森然，少敢當者，予不量力，往往犯之。夫合應者聲同，交爭者力敵，一往一復，欲罷不能。…夢得夢得，文之神妙，莫先於詩。若妙與神，則吾豈敢。如夢得雪裡高山頭白早，海中仙果子生遲。沉舟側畔千帆過，病樹前頭萬木春。之句之類，真謂神妙。在在處處，應當有靈物護之，豈唯兩家子姪秘藏而已。

　　這裡值得注意之處有二。其一，白居易認為劉禹錫實可被譽為「詩豪」，因為他的詩歌在當代很少人能比得上。他甚至指出，劉氏的詩歌若非有神靈運行於其中，又怎麼可能達到如同「神妙」一般的境地？而應該也是這個原因，才會使學者陳寅恪（1890-1969）說：「樂天一生之詩友，前半期為元微之，後半期為劉夢得。而於夢得之詩，傾倒讚服之意，尤多於微之。」[63]其二，白居易在這時期中與詩友間的互動和交流，已經從強調詩歌須對政治與社會產生「影響力」，轉移到詩歌應該要含有那些「創作技巧」才能獲得肯定，甚至流傳子孫了。

　　唐敬宗寶曆元年（825），白居易調任蘇州刺史。他赴任

---

62 白居易：〈劉白唱和集解〉。引自謝思煒：《白居易文集校注》，第四冊，（北京：中華書局，2011，頁 1893-1894。
63 請見陳寅恪《元白詩箋證稿》，（北京：三聯書店，2002），頁 351。

後，除了簡易法令，與民休息外，也常遊山玩水，飲酒吟詩。隔年奉調返回洛陽時，蘇州的官吏百姓甚至夾道為其送行。

　　唐文宗大和元年（827），白氏調回長安擔任秘書監；兩年後轉刑部侍郎，掌天下刑法、政令，並封晉陽縣男，可謂位高責重。但在隔年，他卻以身體衰病為由，請求改任太子賓客、「分司東都」的閒官。大和七年（833），白氏奉調擔任擁有實權與責任的河南尹之職，但又在不久之後再度以同樣的理由請求罷河南尹，而獲授太子賓客、「分司東都」。他在心願達成後，曾用〈詠興五首〉的「序」[64]來表達當時的心情：

> 予罷河南府，歸履道第。廬舍自給，衣儲自充，無欲無營，或歌或舞，頹然自適，蓋河洛間一幸人也。遇興發詠，偶成五章。

　　白氏在詩中直接說明他此時的心中已無欲無求，只想擁有「自適」的生活，並在有感興之時能寫寫詩就好。大和九年（835），白氏又授同州刺史，而仍以年老體衰（64 歲），無法勝任為由而請辭，並獲升任太子少傅，且「分司東都」，進封馮翊縣侯。由此可見，白居易數次請求「分司東都」的主要原因，應是不願意留在朝廷而遭禍。果不其然，就在同年的十一月二十一日，皇帝文宗與宰相李訓以昨夜降甘露，皇帝應該接受天恩為名，計畫捕殺實際掌控朝政的宦官，但

64　白居易：〈詠興五首·序〉，謝思煒：《白居易詩集校注》，第五冊，
　　（北京：中華書局，2006），頁 2247。

卻因計畫敗露而遭神策中尉仇士良（781-843）等率神策軍脅持皇帝，並屠殺宰相李訓（？-835）與兩省與諸司千餘人，史稱「甘露之變」。白居易雖因獨遊香山寺而免遭此禍，卻仍以〈九年十一月十一日感事〉[65]一詩寫下心中對此事的哀傷與憤慨：

> 福禍茫茫不可期，大都早退似先知。當君白首同歸日，是我青山獨往時。顧索琴書應不暇，憶牽黃犬定難追。麒麟作脯龍作醢，何似泥中曳尾龜。

　　在被殺的大臣中，舒元輿（791-835）與賈餗（？-835）是與白居易時常詩琴酬唱、書信往返的好友，所以他用麒麟與龍來分別比喻他們，認為他們為了效忠君王與實踐理想，即使下場為被宦官所殺，但卻已算是求仁而得仁了！反觀自己，即使因「早退」而避免此一災禍，但往後卻也只能像烏龜一般，躲在爛泥巴裡搖尾求生了！

　　就在這一年，白居易第三次彙輯自己的作品，編成《白氏文集》六十卷，其內所收歌詩已達兩千九百六十四首。而更值得注意的是，從這一年開始，白氏有關詩歌的作為大約只集中於兩類：一是寫詩的目的在「釋恨」、「佐歡」、「愉悅情性」，以及紀錄與朋友的「酬酢」、「往返」；二是致力於彙編自己的詩文集。有關後者的實際作為有：大和十年（836），再度自編《白氏文集》六十五卷，而所收的詩歌已

65　白居易：〈九年十一月十一日感事〉，謝思煒《白居易詩集校注》，第五冊，（北京：中華書局，2006），頁 2482。

有三千兩百五十五首，比前一年增加了將近一百首。開成四年（839），又自編《白氏文集》六十七卷，所收詩歌更達三千四百八十七首之多。開成五年（840），又自編詩歌，完成《洛中集》。

唐武宗會昌元年（840），白居易六十九歲，以刑部尚書致仕。五年後（845），白氏在其〈白氏集後序〉裡說：「…前後七十五卷，詩筆大小凡三千八百四十首。」隔年，以七十五歲之高齡辭世，完成了他可譽之為「終身詩人」的生命之旅。

三、結　語

白居易從十餘歲開始，一直到七十五歲辭世，不論其人生如何曲折，仕途多麼起伏，都不曾停止過創作詩歌，因而累積了三千八百多首各種詩體的作品。而據前所論，這一豐碩的成果係建基於他一生所「奉行不渝」的「實用詩觀」；此「詩觀」可彙結出以下三項特色：

（一）白氏的「詩觀」因以他對「人」與「世界」的認知為基，故而不僅具有穩定的恆常性，更擁有周延的體系。這一體系，從裡到外約略可描述為：1、凡是「人」都必有「心」，而此「心」之內則包含許多種「情」。2、「人」既生活於群眾之中，自然需與「他人」互動；而互動要順暢，則必須使大家「心」中的「情」能交流無阻。3、人們之間的交流以「語文」為主要媒介，而「語文」則需透過「聲」音來表達「心」裡的「情」，使彼此的「心情」能無礙地溝通。4、人們用來

溝通的「語言」媒介在形式與功能上可區分為許多不同的體類，其中，「詩歌」類不僅能讓詩人詠誦自己的「志道」，也能和他人溝通彼此的「心情」。而正是這種「詩觀」，讓白居易終其一生都把「詩歌」和他「自己」的生命緊緊地結合在一起。

（二）以這一「詩觀」為基，白居易將「詩歌」對他「自己」的「實用功能」發揮得淋漓盡致。這可從他所創作的詩歌在「功能」上不只包含了對「政治」的諷諭、對「歷史」的實錄，以及對「社會民情」的寫實等「公共性功能」等，也包括了讓他用詩歌來表達「志道」、抒發「情感」、詠嘆「感觸」、尋求「自適」，以及與人「酬酢」、「交流」等對「自己」有所助益的功能，所以其「涵蓋範圍」可說既廣且大。

（三）白居易的「詩觀」實隨其年齡漸增與經驗日豐而有變化。大致說來，他一生的「詩觀」約可分為三期：1、進入仕途不久之前：此時，他非常仰慕身兼詩人與大官身分者在詩酒酬酢間所散發出來的風範，因此也產生了希望自己將來同樣能藉著創作的詩歌來取得名家肯定，並進入仕途的心理。2、獲得官職三、四年後的十一、二年間，也就是從他三十五歲到四十四歲之時：這時，他認為「詩人」應本著「奉道」的理想與「言志」的胸懷，創作出以「美刺」為目標的「諷諭性」詩歌，來達成「補察」時政的功能。但在自己這類詩歌藉著讓人易於了解的方式而達成目標後，他也察覺了自己的詩歌有「辭繁、言激」的缺點，所以希望能精進自己的詩藝，避免這些缺失。3、四十五歲以後：這段時期的時間

最長，也是白氏親眼目睹國家局勢已日趨困頓，而自己卻無力改善，只能自保，因此乃將詩歌的功能從服務「公眾」轉到安頓「自己」上。

　　由於白居易不僅是典型的傳統「詩人」，更是傳統的「士」，所以上面對其「詩觀」的勾勒，應可推論為大多數傳統「士－詩人」所普遍擁有的觀念。換言之，創作詩歌對他們而言，不但是「進入仕途」的敲門磚，也能讓他們「與人酬酢」、「釋恨佐歡」、「愉悅性情」，甚至「名垂後世」；更重要的是還可使他們達成諷諭「政治」、實錄「歷史」、描寫「社會現實」，以及反映「風俗民情」等目的，完成「為他人服務」的理念。「抒情」當然也具有「詩歌的功能」，但卻多被「士－詩人」們用來「紓解自己」內心的壓力，是屬於「為己」而作的類型。它與內含「兼善天下」的懷抱、「為人」而作的「言志詩」正好形成強烈的對比。因此，對傳統上以「士」為主要身分的「詩人」而言，要把「用詩來抒情」視為一種「光榮」的行為，似乎與事實不相吻合；而若希望由此更進一步，把「抒情」視為中國詩史上的「光榮傳統」，並擬用它來凸顯中國文學中也擁有與西方的「史詩」與「悲劇」同等重要的文學類型，則不僅與史實相距甚遠，更有把中國文學的格局明顯縮小的缺失。

　　（本文原刊登於《文與哲》第 27 期。高雄：國立中山大學中文系。民國 104 年 12 月）

臺灣二十世紀下半葉現代文學批評研究評述（1945-2001）

一、問題的提出

　　自西元 1987 年（民國 76 年）8 月解嚴以來，台灣地區已趨向多元化，「禁忌解除」和「言論、思想自由」[1]實為眾聲喧嘩的台灣社會現象下了非常貼切的註腳。作為與人們心靈緊密相連，與社會脈動息息相關，甚至還被譽為「比歷史更真實」、「比表層更深入」的「文學」，在這些年中，不但產生了許多比以往描寫更深刻，寫實性更強，以及想像力更豐富，氣勢更磅礴的作品，連大陸地區自五四以來的傑出作家之作品也可以自由進來了。但是，令人更值得注意的是，在這段期間中，台灣地區有關「現代文學」和「當代文學」的論術與研究也峰擁而入，這一情況使得這種趨勢不但可與素來被學院所重視的「中國古典文學」的研究相比美，而且甚至獲得了更多社會人士和政府部門的呼應與重視。有人因

1　參見齊邦媛教授〈霧漸漸散的時候〉、葉石濤先生〈台灣文學的多種族課題〉，兩文皆見《聯合報》，86.12.24，副刊版。

此甚而說,現代文學,尤其是台灣文學,在台灣地區已成為文學研究領域中的顯學了。

　　但有若干學者雖然了解學術性的研究每每會因切入角度和研究方法的差異而產生不同的研究結論,卻因與別人收集的資料有差別,也忽略了別人曾提出過的論證,因而乃與別人產生激烈的爭執,甚至是不必要的誤解。因此,如果能從嚴謹的學術觀點出發,而兼顧「全面性」和「真實性」兩大礎石來作全面性的研究,則我們台灣地區的現代文學批評研究必可能會有長足的進步。

　　本研究即基於此,從「學術性」出發,首先,將我們台灣地區有關現代文學批評的「學術性研究與論述」加以盡量收集,將他們的目錄全面存真,以供學界參考。其次,綜合性地對這些研究的特色和意義,以及其影響作全面性的析論。最後,更希望能將他們串組成一個基本上以「五年」為時段的「現代文學批評史」,以勾勒這些年來此一研究的大致趨勢。

二、台灣現代文學批評研究略述

(一) 1945-1969

　　臺灣雖然在民國三十四年(1945)光復,但由於長期陷入戰火中之故,所以當時的情況可說只能以百廢待舉來形容。在「文學」的領域裡,從民國三十四年到五十九年中,固然確有若干傑出的作家創作出不少優秀的作品,可是在「文

學批評」上則顯得非常冷清。大致說來，在這二十五年內能說得上深入探討「文學批評」的論述並不多。不過，我們也可從下面幾個方向看出其特色：

1.早期屬於「文學論」、「文學通論」與「文學概論」之類的著述佔絕大多數。

　　這一類著述，多偏重在說明「何謂文學？」而會產生這一傾向的原因固然甚多，但最根本的是「文學觀念」在此時確有澄清的必要。因為在清末民初之時，「文學」常被做過於廣泛，且內容含混的解釋。譬如說：「文學是一切文化和學術的總稱。」或「凡文字著於竹帛，而論其法式者，即謂之文學。」等。而也正在此時，西洋的文學觀念，也隨其堅船利砲傳到中國，使兩者產生交互激盪的情況，因此乃有了許多較亂的解釋。

　　在這類著述中，下列幾部可說甚具代表性：

　　（1）李辰冬於民國四十三年由中央文物供應社出版的《文學新論》，計二冊。這部書共分十五章，我們可以從其章目的名稱上了解其大致的內容：文學的研究法、文學的本質、文學的內容與形式、文學的價值、文學的美與醜、理想與寫實、文學家的特性與天才、文學與社會政治、文學與性愛、克羅齊文學論的批判、毛澤東文藝路線的批判、中國文學史分期的一個建議、民生史觀文學論（上、中、下）。這一章目的安排，不但條理分明、甚有系統，而且也清楚地顯現出中、西文學融合的特色。作者先開宗明義地指出：「文學」就是「以文字為工具，用意象來表現作者的意識。」而

且,「意識」不但可「決定文學的形式和內容」,而且是「作品價值的標竿」。他更進一步說明:所謂「意識」,即「人的理想透過實踐後所激發出來的情感。」換言之,「文學」是由「理想、實踐、情感」三者所組成。以此為基,作者再把「文學」須觸及到的範圍擴大到「政治」和「社會」等。雖然從現代的觀念來衡量,這一說法仍有不足之處,但在基本上,已將「文學」做有系統的勾勒了。

　　(2)汪祖華於民國四十三年由中央文物供應社出版的《文學論》。這本論文學的書,雖然篇幅很少,但卻綱舉目張,很有條理。而其表現出來的,也是綜合了中、西文學觀念的結果。譬如在說明「文學的定義」時,他先羅列了中國歷代有關「文學」的各種解釋與近代西方的「文學觀念」,然後指出我國在「文學」的解釋上雖然有廣義和狹義之分,但所謂「雜文學」的「廣義文學」既是「一切學術的總稱」,當然應該被推出「文學」的領域之外,而「狹義的文學」因係「純文學」,所以才是真正的文學。於是作者乃據此,把「文學」直接定義為:「是用文字的形式,表示純粹感情,博大思想,和精切想像的紀錄。是個性的表彰,為人生的反映。」除此之外,這本書所討論的,還有不少跟「文學」有關的領域,如文學和其他學科:社會科學、哲學、史學、修辭等的關係,以及文學的形式、文學的功能、文學的起源等。惜如前所述,因本書的篇幅甚短,故每部分的說明大都只能做到淺嘗即止的程度。

　　(3)馬宗霍於民國五十五年由商務印書館出版的《文學概論》。這本書的架構由緒論、外論、本論和附論四個部分

所組成。作者在緒論篇探討了文學的界說、文學的起源、文學的特質、和文學的功能。在外論篇討論了文學與下列領域的關係：語言、文字、思想、性情、志識、觀念、人生、和時代。至於在本論篇，則說明了文學的門類、體裁、流派、法度、內相、外象、材料、和精神。據此，本書可說具有綱目清晰、結構井然的優點。而其中最值得注意的特色當有以下三項：一事收集了中、外、古、今有關「文學是什麼」的重要主張，將它們羅列出來，再稍加個人的評價，而不明確說出自己個人對「文學是什麼」的看法。二是其範圍頗為周延，因它把文學的內在成分和外緣關係都涵蓋住了。三是有「指導的目的」，所以才會有附論的「讀書之門徑」，說明「文學」和中國古來的「宗經」、「治史」、「讀子」和「誦集」的關係，然後再以「通論讀書」來指導學子。不過，若以今日我們對「文學」的「內在和外緣」觀念的理解來衡量的話，則馬氏此書所呈現的方式實頗有問題。因為，其「外論」篇所列的項目中，除人生和時代兩項為「文學」的「外緣」因素外，實都屬於「文學」的「內在」成分。同時，其「本論」篇中的流派、門類和體裁等，實應屬於「文學」的「外緣」因素，故不宜列入「本論」。此外，其「緒論」篇所處及的項目，彼此之差異性實甚大，所以也不宜列在一起。譬如說：功能項雖然應屬於「文學」的「外緣」因素，而界說項與起源項，則一為綜論，一為開始，將它們放在一起討論，當然也不怎麼恰當。

2.譯自外國的著作

　　在發展時期，臺灣對「文學」的理解和成就都尚未成熟，所以這類著作的貢獻，一方面透過翻譯將外國較進步的「文學觀念」傳進來，以供本國的文學界參考；在另一方面，又因實際的翻譯多為「中國文學概論」之類的書，所以也在無形中替中國文學的研究先墊下頗令人肯定的的基礎。底下便選其中較著名的代表略做介紹：

　　（1）日人青木正兒著，隋樹森譯，臺灣開明書店於民國四十三年出版的《中國文學概說》。譯者隋樹森指出，本書可說成功地將中國的文學勾勒出一頗完整的輪廓。細觀其內容，計包括下列六章：語學大要、文學序說、詩學、文章學、戲曲小說學、評論學。換言之，亦即從「文學」的表達工具語文入手，然後再把中國文學分成數種類型：詩（包含詞、曲）、文章（含辭賦、駢文、散文）、戲曲、小說來討論，以及歷來有關這些類型的評述狀況。因此，他可以說是最早期，從文類角度來討論中國文學的著作，影響後來文學史書寫頗大。當然，它也有若干缺點，譬如說，在「語學大要」部分，討論的是六書、訓詁和音韻，而且是各自獨立去描述。雖然觀點頗可取，但卻與「文學」未合起來討論。又既把「曲」列入「詩」類，卻又別立「戲曲小說」類；而此處的「戲曲」，則包含了雜劇和戲文、樂曲等，故分類上也有可斟酌之處。

　　（2）日人兒島獻吉郎著，孫俍工譯，臺灣開明書店於民國五十四年出版的《中國文學通論》。本書原名《支那文學考》，在架構上包括了「散文考」、「韻文考」和「支那文學雜考」各一卷。至於其內容，在「散文考」的三十三章裡，

除少數篇幅用來討論文章的體制和流別外，都在探討中文文法和修辭，如：篇法、章法、句法、字法……等。在「韻文考」的三十三章裡，主要是從類型來討論歷來的文類，如：謠諺、箴銘、頌贊、古近體詩、騷賦、連珠、詩餘等。在「文學雜考」的六編中，討論的是毛詩、楚辭、李白、杜甫、王維、和唐宋文學、樂府詩等。大致看來，本書係以考證為主，故文獻資料上有詳細精確的優點。不過，其第一卷的內容則大致與文學無直接的關係。

（3）日人鹽谷溫著，孫俍工譯，臺灣開明書店於民國五十九年出版的《中國文學概論》。本書包括了六章，其章目分別是：音韻、文體、詩式、樂府及填詞、戲曲、小說。這一架構的設計所顯現出的是以外國討論中國文學的基礎——語文為基，然後再從文學類型的角度來勾勒中國文學；而所涵蓋的類別有：楚辭漢賦、駢文、古詩、近體詩、樂府詩、詞、戲曲、雜劇和小說等，可說體系周延。同時，書中又兼具考證資料之特色，所以頗具可讀性。

3.文學潮流的反映

民國三十八年，國民政府被迫遷到臺灣之後，在文化（包括「文學」）上曾以政治考量而定出「文藝政策」，且擁有實際上的巨大影響力。大致說來，即是以「三民主義」為最高的指導原則。而能據實呈現這一現象的，則有兩本書，即王集叢的《三民主義文學論》與張道藩的《三民主義文藝論》。茲將其特色大致介紹如下：

（1）王集叢著《三民主義文學論》。由於大陸在三〇年

代時，因「社會主義」文藝路線頗囂塵上，於是造成南部各省的若干人士出來提倡「三民主義」文化運動。王集叢即在民國三十二年出版此書。後來於民國四十一年，由台北的帕米爾書店再版。本書包括九章，其綱目大致為：「中國文學之走向三民主義」、「三民主義文學的本質（上、下）」、「三民主義文學的內容與形式」、「三民主義文學的功用」、「三民主義文學批評及怎樣三民主義文學（上、下）」等。在內容上，本書強調文學應具有「革命、科學、全民、創造和時時保持新穎」等特色。但更重要的是以三民主義的民生史觀為基，大力批判唯物史觀和階級論，希望透過文學的手段，引導人民實行三民主義。當然，最特別的是，書中明白主張，文學需有政治來領導，而國家也需有文藝政策。因此，本書與當時的政治關係頗為密切。

（2）張道藩著《三民主義文藝論》，民國四十一年由文藝創作出版社出版。本書篇幅不多，而內容與王氏之書大致相近。其內容絕大部分在把文學和三民主義結合起來，譬如在文學的本質上，主張應以民族意識、全民政治和民生育樂為基；在文學的創作上，主張以寫實主義為圭臬，再兼攝浪漫主義、理想主義和古典主義等寫作技巧來創作；至於在文學的形式上，則強調風格和體制的重要，並指出文學應以淺進的文字和簡單的佈局，來寫大眾的生活。大致看來，本書近似宣傳和口號，缺乏具體的內涵；但卻頗能反映當時的文藝風尚。

（二）1970-1975

在這一段時間裡，有關「文學批評」的論述雖然也並不甚豐富，但卻有兩個特色值得注意。首先是所謂「唐文標事件」。顏元叔在《中外文學》（民國62年10月）以該標題為文，指出唐氏在《中外文學》二卷三期的〈僵斃的現代詩〉、二卷四期的〈日之夕矣——「平原極目」序〉、《文學》一期的〈詩的沒落〉和《龍族》九期的〈什麼時代什麼地方什麼人〉等四篇文章中，從「社會寫實」的角度來看「文學」，主張「文學不能脫離社會」；但現代主義的文學，如「現代詩」卻從未與民眾、與社會真正擁有血肉關係，所以已「沒落」、甚至應宣告其「死亡」。換言之，顏氏認為，我們應該從「文學」來看社會，所以文學內涵才會是豐富、多元的。

另一特色是侯健在《中外文學》上連載三篇的〈革命文學的前因與實際〉（民國63年10、11、12月），重新考察自民國八年的五四運動起、至民國十四年的五卅慘案止，「文學」如何從其自身的革命（如從傳統文學到現代文學）到文學以服務革命為任務（如文宣工作）的過程，並指出大陸官方文學的領導者郭沫若並未十分明瞭此種狀況。

（三）1976-1980

自1976至1980之間，現代文學批評的研究大致都呈現下面幾個重點。其一是對文學本質的探討，如：顏元叔〈何謂文學〉、夏志清〈人的文學〉、林柏燕〈文學探索〉等，都能直接切入「文學」本質的核心加以論述。其二是對「文

學」的某些特質作深入的闡述，如：柯慶明〈境界的探求〉、
高友工〈文學研究的理論基礎─試論「知」與「言」〉、〈文
學研究的美學問題（上）── 美感經驗的定義與結構〉、〈文
學研究的美學問題（上）── 美感經驗材料的意義與解釋〉、
高天生〈訪高友工教授談文學理論與文學批評〉、鄭樹森與
周英雄《結構主義的理論與實踐》等。其三是從「文學」與
其外圍的關係著眼，討論「文學」因應某時代和社會的衝擊
而產生的某種文類，如：尉天驄《鄉土文學論戰選集》、王
拓〈是「現實主義文學」，不是「鄉土文學」〉、朱西甯〈論
反共文學〉、顏元叔〈社會寫實文學及其他〉、陳映真〈民
族文學的再出發〉等，都在學理的基礎上闡述自己的觀點，
而使文學批評呈現出多彩繽紛的面貌。其四是縱論台灣地區
在某一段長時間裡的文學現象與特色，如：李牧〈三十年代
文藝論〉、司徒衛〈五十年代文學評論〉、王夢鷗《當代中
國文學大系：文學評論集》等，也都在某一範圍內具體地勾
勒出該時間內台灣的文學批評概況。

（四）1981-1985

　　自 1981 至 1985 之間，台灣的現代文學批評大致可歸納
為幾個傾向。一是對「文學」的內涵、性質與範圍的解釋與
界定，如：柯慶明《文學美綜論》、《境界的再生》、曾昭
旭《文學的哲思》、張健《文學概論》、蔡正華、梁啟超《中
國文學的特質》等，不論是在深度和廣度上都展現出比前此
之作更具水準。二是對「文學批評」提出比較專業的論點，
如：張健《中國文學批評》與《文學批評論集》等。三是引

介外國的「文學批評」的理論與方法，如：周英雄《結構主義與中國文學》、陳鵬翔《主題學研究與中國文學》，鄭樹森《現象學與文學批評》，廖炳惠《解構批評評論集》、林綠〈女性主義文學批評〉等，拓寬了台灣地區文學批評研究的領域。四是以現代的觀點整理出若干中國傳統的「文學批評」方法，如溫莉芳《中國文學批評史上的歷史批評法》，蔡芳定《中國文學批評史上的美學批評法》，許小清《中國文學批評史上的比較批評》。五是從前一期的「鄉土文學」爭論逐漸演變成對「本土文學」、「台灣文學」的定義之考察與研究，如尉天驄〈台灣鄉土文學的新課題〉，葉石濤〈六十年代的台灣鄉土文學〉，宋冬陽《現階段台灣文學本土化的問題》，陳美妃《日據時代台灣漢語文學析論》，宋澤萊《台灣文學論》，許水綠《台灣文學的界說與方向》，田兵《台灣新文學的意義》等。另外，李瑞騰〈從愛出發─近十年來的台灣報導文學〉觀察出一種台灣於此期間正流行的新文類，也頗值得一提。

（五）1986-1990

自 1986 至 1990 間，現代文學批評的狀況比以往各期都更蓬勃；底下即是其大致的重點：其一，對台灣地區文學批評的期待與整理，如：沈謙《期待批評時代的來臨》，李正治《政府遷台以來文學研究理論及方法之探索》，柯慶明《現代中國文學批評述論》，李宗慬〈現代文學批評面面觀〉，李瑞騰《中華現代文學大系・評論卷》等。其二是對「文學」的內涵與「文學批評」的理論做更周延的論證與解釋，如：

劉再復《生命精神與文學道路》，呂正惠《文學的後設思考》，葉維廉〈文學批評理論架構的再思〉，張雙英〈論試文學理論產生的架構〉，王金凌〈文學理論的理式〉，蔡源煌〈「作者之死」新銓〉等。其三是引進外國多采多姿的文學批評觀念和方法，尤其是女性主義文學批評，如：宋美樺〈經驗論與理念論：女性主義批評修辭之兩極〉，張小虹〈荒野中的女性批評〉，廖炳惠《女性主義與文學批評》，簡瑛瑛〈女性主義的文學表現〉，王天麟《中國文學模仿論初探》，何金蘭《文學社會學》，劉介民《比較文學方法論》，徐崇溫《結構主義到後結構主義》，毆崇敬《從結構主義到解構主義》，蔡源煌《現代主義到後現代主義》等。其四是文學觀念的深化與開發，尤其是「台灣文學」和「鄉土文學」，如：李祖琛《七十年代台灣鄉土文學析論—傳播結構的觀察》、〈鄉土文學論戰後的台灣文學〉，周永芳〈鄉土文學論戰十年專輯〉，張文智《從族類學（ethnicity）的角度分析當代本土文學的「台灣意識」現象》，孟樊、林燿德《八〇年代台灣文學論》，呂正惠〈八十年代台灣寫實文學的道路〉，尹雪曼〈報導文學與報告文學〉，林燿德〈八〇年代台灣都市文學論〉等。還有一種也頗值得注意的是「文學史」的討論，如：鄭志明〈五四思潮對文學史的影響〉。

（六）1991-1995

台灣地區自 1991 至 1995 之間有關現代文學的批評，若從研究成果的量上來看的話，可說遠比以前受到重視。而在論述的趨勢上，則以概論性質的減少與深入闡述的增多最引

人注目。底下，我們再以歸納的方式，將這一段時間的文學批評特色條列如下：其一，對「文學性質」與「文學批評」的闡釋更深、更廣，如：淡江大學中文系出版的《文學與美學》1-5 冊，張漢良《文學的迷思》，證中書局出版的《當代台灣文學評論大系 1-5 冊》，呂正惠、蔡英俊編《中國文學批評》第一集等。其二，對西方文學批評和理論的引介頗具概括性，而又可大致區分純理論和運用兩種：純理論者如：張雙英、黃景進等譯《當代文學理論》，梁伯傑《文學理論》，朱耀偉《當代西方文學批評理論》，藤守堯《對話理論》，楊大春《解構理論》等；實際運用者如：邱貴芬《台灣當代女性文學論》，成令方〈抓起頭髮要飛天 —— 嘻笑怒罵的女性主義文學論述〉，張小虹《後現代／女人 —— 權力、慾望與性別表演》，廖炳惠《回顧現代 —— 後現代與後殖民論述》，孟樊〈後殖民論述的文學觀〉，廖咸浩〈在解構與解體之間徘徊：台灣現代小說中「中國身分」的轉變〉等，而以「女性主義」最為流行。其三，新文類的探討，可間接顯示出台灣此期的文學創作情況，如：藍博堂《台灣鄉土文學論戰及其餘波》，須文蔚〈報導文學在台灣（1949-1994）〉，王家祥〈台灣本土自然寫作中鮮明的「土地」〉，黃子堯〈台灣客家文學及其客籍作家「身分」特質〉，浦忠成〈台灣原住民口傳文學試探〉，鄭明娳〈純文學與通俗文學〉與《當代台灣政治文學論》等。其四：現代中國文學與海外文學的批評，如：劉再復《放逐諸神：文論提綱和文學史重評》，唐翼明〈文學的反叛 —— 大陸新時期的三段主要思潮〉，張錦忠〈馬華文學：離心與隱匿的書寫人〉等。其五：台灣文學的探討，頗有獨樹一幟的傾

向，如：葉石濤《台灣文學的困境》，鄭清文《台灣文學的基點》，彭瑞金《台灣文學本土化與多元化——兼論有關台灣文學本土化的界說》，邱貴芬〈發現台灣——建構台灣後殖民論述〉，以及1993年舉辦的一系列「台灣台灣地區區域文學會議」中所提出的有關台北、南投、鹽份地帶、澎湖、花蓮等地區的「區域文學」論文等。其六，台灣文學史的建構與重新探索，如：彭瑞金《台灣新文學運動四十年》，李敏勇〈檢視戰後文學的歷程與軌跡〉，陳芳明〈七〇年代台灣文學史論導〉，高天生〈多元社會的豐饒與貧瘠——戰後二十年間影響台灣文學發展的主要因素探討〉等。

（七）1996-2001

台灣地區自1996至2001之間，有關現代文學批評的研究也大致可被歸納出以下幾個特色：其一，純粹引介西方文學批評理論的情況已漸減少，而以「讀者反應理論」、「後現代主義」、「後結構主義」、「女性主義」等較受矚目。至於在特地運用批評理論到研究上的情形，則約略可分為兩部分來看。在探討台灣地區方面似集中於「女性主義」與「後殖民主義」兩種，如：鍾慧玲編《女性主義與中國文學》，邱貴芬〈後殖民女性觀點的台灣閱讀〉等；至於研究大陸地區者，則以唐翼明〈大陸新時期的文學理論與批評〉最具綜括性。其二，新的文學類型受到更深入與系統性的探討，如：王若萍〈一個反支配論述的形成——七〇年代台灣鄉土文學的論述與形構〉，彭小妍〈何謂鄉土：談鄉土文學之建構〉等；吳家君〈台灣原住民文學研究〉，劉玉華《認同與回歸

—— 台灣原住民當代創作文學之文本策略》，蕭義珍《台灣主體的再建構－回歸原鄉與原住民文學》等；簡義明《台灣自然寫作研究》，李炫昌《線當代台灣自然寫作研究》等；楊素芬《台灣報導文學研究》；鹿憶鹿〈走看台灣九○年代的女性旅行文學〉，東海大學中文系編《旅行文學論文集》等；周慶華《兒童文學新論》，洪文瓊〈兒童文學範疇論〉等；張淑麗〈「閨怨」美學的挑戰：當代台灣女性書寫的異／移位〉，任一鳴《中國女性文學的現代衍進》等；林水福、林燿德編《當代台灣情色文學論：蕾絲與鞭子的交歡》等等；而這種情形也間接反映了文學創作的實際狀況。其三：台灣文學的本土化的理論建構，如：林瑞明〈台灣文學的本土觀察〉，陳昭英〈台灣文學與本土化運動〉，林央敏〈台語文學運動史論〉等。其四，文學史的撰述逐漸受到新的定位，如：沈謙〈中國現代文學史的著作（台港）〉與〈中國現代文學史的分期〉，樊洛平〈中國大陸現當代文學史的著作〉，唐翼明〈從反叛異化到回歸本土 —— 論大陸文學從「新時期」到「反新時期」的演變〉，李細梅《從 1949 到 1992 台灣文學的發展》，彭小妍〈認同、族群與女性 —— 台灣文學七十年〉等。

三、台灣現代文學批評研究綜論

從「發展的過程」來看，台灣的文學批評研究，無論是純粹的理論研究或實際的批評，也不管是在古典文學或現代文學的領域，在一九六○年代以前，可說是屬於「文學觀念

的介紹」與「文學批評的奠定」階段。這段期間中，雖有少數學者努力介紹「文學是什麼？」譬如王夢鷗的《文學概論》，但大致說來，兼具有深度和廣度的文學批評論述和研究實非常缺乏。絕大多數的著作都是含有鮮明立場的主張，所以把重點放在「文學應該或不應該是什麼？」或者「文學可以或不可以是什麼？」的討論上，譬如張道藩的《三民主義文藝論》等。換言之，台灣的文學批評在此期間之所以不怎麼發達的原因固然很多，譬如眼界不夠寬廣等，但毫無疑問的，應以「文學附屬於政治之下」最為關鍵。而在這種一切必須配合政治才可能生存與發展的情況中，文學批評的主要功能便被壓縮到以下兩個項目之上了。一是指導作家如何創作出符合達到政治宣傳的反共文藝和戰鬥文學，二是檢查文學作品是否違反反攻復國的國策。

這一情況，一直延續到六〇年代末才在外國文藝思潮的影響下有了改觀。在文壇為了爭取寫作的空間，而文學批評界也已有能力擴大視野的條件下，外國的「現代主義」── 一種強調反對繼承傳統、重視個人創造和反省當代社會的文藝思潮一被引進台灣，而造成了文學界的巨大震撼，如趙知悌的《現代文學的考察》。這一引進的思潮在當時至少含有三項深刻的意義：其一是藉由「外國」之名，使它在自然而然中讓文學免除了當局最忌諱的是否與大陸有關的疑慮。其二是它有效地打破了文學必須完全服從政治的嚴密藩籬。其三是它促使文學批評家和作家開始正視文學和社會的關係之外的問題，而引起有關「文學是什麼？」的討論熱潮。

接著，西方「現代主義」文學思潮之後被引進台灣的是

「新批評」——一種強調文學作品的完整性和美學價值的觀念與方法。如顏元叔的《文學批評散論》和《談民族文學》等。

　　這兩種西方的文學批評，使得平靜無波、甚至死氣沉沉的台灣現代文學批評開始出現難得一見的活力。批評家們激烈爭論的課題，集中在：文學作品應是獨立自主，只重視美的藝術品？還是作家內心世界的展現？或者必須負起反映、甚至批判社會百態的責任？只不過有的論辯演變成完全以立場為主，如某些極端反對「現代主義」和「新批評」的論者所提出的文學不可成為買辦式的假洋貨，而應含有傳統的文化、並以社會現實為關注的焦點。總之，在一九七〇年代，台灣的現代文學批評可說是打破了政治對文學的嚴密的控制，而開始進入一個即將多彩多姿的時代。

　　自一九八〇年代開始，以討論跨國界文學為課題的「比較文學」在台灣的現代文學批評界裡成了撩原的星星之火，因它的推動，而使許多流行於西方的文學批評，如：結構主義、主題學、現象學、詮釋學、符號學、解構主義……等，一個接一個被介紹到台灣來。由於這些批評理論皆來自外國，所以流利的外語能力和紮實的外國文學與文化背景乃是引進者的必要條件。因此，這一波的思潮便以各大學，尤其是台灣大學外文系為重鎮了；而引進的內容，有的是對這些理論和方法的說明，有的則進一步將其運用到對中國文學作品的實際分析和研究上。

　　自一九九〇年開始，這些繁複而繽紛的西方批評理論逐漸有失色和沉靜下來的趨向，主要是因為在這些批評理論中，有頗大的比例過份深奧難懂，以致於喜愛和採用的人越

來越少；同時，也有若干理論並不適用、或在台灣的現代文學中很難找到可以完全的情況或作品來相互配合。於是，這時也出現了一些反省當時文學批評現象的著作，如游喚的《文學批評的實踐與反思》等。不過，也就在這個沉澱的時期，台灣的現代文學已在無形中從熱鬧喧嘩中出現了一個主流，那就是以具有台灣的「時代性和社會性」為特色的批評理論。大致說來，或許可以用下列三個焦點來代表：文學典範和經典的尋求、女性主義的深掘、和後殖民主義的霸主架勢。

再從「特色」的角度來觀察，台灣這數十年來的現代文學批評和文學史的論述，大約以下列數項最具特色：

（一）文學史的論述

在掙脫了緊緊將其封閉住的政治牢籠之後，文學的獨立性獲得了肯定，文學的創作和研究也呈現出五彩繽紛的景象。其中，有若干研究採取了從「史」的視角來勾勒台灣現代文學史，譬如：葉石濤《台灣文學史綱》、梁明雄《日據時期台灣新文學運動研究》、林央敏《台灣文學運動史論》、陳國球編《中國文學史的省思》……等等。底下即舉三個例子來稍作分析：

1、彭瑞金《台灣新文學運動四十年》。這本書以時代先後為經，摘要性地論述了幾個具有各時代的代表性之課題：台灣文學如何從「舊」演變為「新」，抗日時期新文學所含的文化運動，戰後作家如何薪傳新文學，本土派文學、現代派文學和反共派文學如何相互交流和發展，以及鄉土文學、寫實文學和文學本土化的流向等。很明顯地，本書主要係以

文學的外圍因素作為立論的重點，所以雖然論述清晰，而且深有洞見，但卻把豐富多彩而意蘊深長的文學簡化成單一而嚴肅的資料。不過，在對台灣現代文學史的勾勒上，的確已作出一番貢獻。

2、許俊雅《台灣文學論：從現代到當代》。這是一本由十二篇論文組成的集子，而這種形式，也是台灣文學研究者普遍採取的方式。依其論文所涵蓋的時代範圍和先後來看，它包括了「日據時期」和「當代」。在論述日據時期的六篇論文中，作者探討的內容為當時的文學作品與文化、女性、社會、甚至台灣與中國的關係。在討論當代的六篇論文中，作者所選的課題是小說的演變，小說和歷史、自傳的關係，以及文學作品中的土地、社會和原住民的關係等。由於它的範圍過廣，焦點分散，前後之間也無史的連繫，所以嚴格說來，與文學史並無關係。不過，因每篇論文都能以紮實的資料而提出創見，同時也擁有把各時代中最受矚目的文學課題揭示出來的優點，所以也甚具參考價值。

3、劉再復《放逐諸神─文論提綱和文學史重評》。這本論文集香港和台灣都出版，而內容並無差別。它包括了「當代文學歷程」、「重寫文學史的思考」、「重評文學史」、「文論提綱」和「新文學的歷史」等五輯，而最大的特色為將新的文學批評觀念與文學史的研究結合，提出只要有新的資料，並能使用新的觀念和新的方法，不但可以深入討論「文學史」的基本性質，而且也可以推知文學史在各種因素影響下，實難有唯一的定論。因此，我們不但可以重新評價任何文學史的其功能和價值，也可以用現代的觀點來重寫文學史。

（二）比較文學論述

前曾述及，台灣現代文學之所以能於六〇年代擺脫政治的束縛而獨立，乃是藉助西方文學之力所致。事實上，台灣此後的現代文學批評可說與西方文學批評亦步亦趨，緊密相連了。這一現象，不僅拓寬了台灣現代文學界的視野，並為台灣的現代文學批評帶來了無限的活力－尤其是在比較文學研究上。這一方面的研究成果確實不少，如張漢良《比較文學的理論與實踐》、李奭學《中西文學因緣》、陳鵬翔、張靜二編《從影響研究到中國文學》等。底下便舉兩個例子來稍加論述：

1、葉維廉《比較詩學》。這本書先藉由人類共通的心智活動來建構出一個可供中國和西方詩學使用的模型，然後再從語法和表現，語言和實境，以及山水詩的美感意識等，示範式的揭露中國詩歌的豐富含意和美感所在。換言之，若能從西方文學知識中去借取若干可運用到中國文學作品中的觀念和方法，確實可開拓出中國文學作品中所隱藏的美學質素。不過，由於過於重視西方方法，也忽略中國文學作品的歷史傳統，以致於常出現研究現象過於浮面，而研究結果也有不少牽強之處的情形。

2、朱耀偉《當代西方批評論述的中國圖像》。本書先把欲論述的基礎建立在後現代文化理論上，然後再詳細討論其中的後結構主義、東方主義、後殖民主義，與女性主義等近年來幾乎已成為世界文學批評理論中的主流論述。接著其後，再針對中國大陸的一些作家、作品，以及「文化中國」

這一課題進行詳盡的析論。最後，再於世界文學批評的架構中，點出中國文學批評的位置，並畫出中國文學在這一架構中的圖像。由於架構清晰，論述井然，本書可說是一本難得的佳作。

（三）文學理論與實際批評結合的努力

在台灣現代文學批評的發展過程中，也有若干學者有見於純理論的介紹過於抽象和空泛，所以嘗試把理論運用到實際批評上。例如：龔鵬程《文學批評的視野》、李正治《政府遷台以來文學研究理論及方法之探索》，和蔡源煌《當代文學論集》等。這種努力的正面成果在使理論展現出具體而有效的特性和功能，但也在同時壓縮了理論的超脫性。例如前列李正治所編的書，它收集了十五篇論文，而大致可分成三個部分：一是文學本質的討論，而重在美學與心理學兩方和文學的關係上。二是理論的探討，闡述有關文學本質中的美，文學批評與創作的哲學思考，以及文學研究的理論基礎等。第三部分便都是屬於實際的批評，即運用文學批評的方法，實際去分析文學作品，以揭示作品的深意和方法的有效性。然而因它是論文集，集中所收各篇對「文學本質」和「文學理論」雖有深入討論，皆都有範圍限制而致涵蓋面不足，再加上所選各篇實際批評論文也具有此種特色，故也呈現出書名涵蓋面過大，無法與實際內容相稱的缺點。

（四）有關作家與作品的關係

二十世紀文學批評的最大特色，相較於「作品」和「文

本」的受重視程度，應該數「作家」重要性的減低了。換言之，這一時期的絕大多數批評理論，若非集中在有關「作品」的探討上，便是討論「作品」及其時空環境的關係，當然也包括「讀者」和「作品」的關係。不過，仍有少數理論是在討論「作家」和「作品」的關係的，例如：精神分析理論、原型批評、神話批評、現象學等。同樣的，台灣現代文學批評在引介西方文學批評的各種流派時，也有少數人把努力的重點放在有關「作家」的探討上。我們以王溢嘉的《精神分析與文學》為例來稍加說明。這本書的內容雖然完全以西方文學為探討的對象，但它卻擁有很多優點。其一是它有系統的介紹了自佛洛依德以降的各派心裡分析學問以及它們和文學的關係；其二是它以許多文藝作品為例，用這一理論去分析作品的情節，作品中角色的心理，以及他們和作者、角色和讀者、觀眾等之間的心靈狀態和關係。其三，它也提供了線索讓讀者去推測作者的心理和人格如何，以及揭示了如何運用這一批評理論來創作，如「意識流」手法等。總之，台灣現代文學批評雖也討論「作家」，但數量及質量皆不強。

（五）重視文學作品的內在研究：語言、結構與境界

二十世紀的文學研究，核心課題即是「文學作品」，而作品的表達媒介因是語文，所以有人喜歡說：「文學乃是語言的藝術。」事實上，這句話的真正意思應是：將文學的語言通過精巧的設計，以組成一篇結構完整的文學作品。若再更進一步說，這個結構精巧的文學作品，需以擁有既深刻且豐富的意涵為其最高的目標，也就是作品須以形成一個吸引

人的境界為其終點。在台灣現代文學批評的發展中，早期的特色之一正是頗為注意文學作品的語言、結構和境界。這類型的研究甚多，底下便在這三方面各舉一例再以說明：

1、高友工〈文學研究的理論基礎——試論「知」與「言」〉。高氏於文中指出，「文學研究」和「文學批評」並不相同，前者以清晰的語言和邏輯的方式研究文學，以找出潛藏於作品中的真理。後者則不同，它是一種以感性的經驗為基，而且頗重視新意的創造活動，其目的在顯現何謂美感。

2、高友工〈文學研究的美學問題（上）：美感經驗的意義與結構〉和〈文學研究的美學問題（下）：經驗材料的意義與解釋〉。高氏在這兩篇論文中先指出，美感經驗其實有特殊的結構，而這結構並非無規則可循。它係以「等值通性」和「延續關係」為軸線，在不論是詞語和句構中都有「等值」，即有「共通性」的的情況下，它們是可以互通的。而當這種「等值通性」發展成「延續關係」，甚至於「轉移關係」時，文學作品便統一在此結構之下了。

3、柯慶明的《境界的探求》與《境界的再生》。柯氏在《境界的探求》中指出，文學批評的意義乃在賦予好的文學作品以全新的詮釋，而形成文學作品的特殊境界——即「永恆的啟示性」。在《境界的再生》中，柯氏將文學與文化結合，而認為文學批評之目的在揭示作品中所含的文化精華，而這精華的生成，則由作者、文化和讀者所交織而成。

（六）女性主義批評的風起雲湧

若自其源頭女權運動算起，西方的女性主義至少已有上

百年的歷史。不過,若把範圍限定在文學批評上,它其實只有五十多年而已。雖然如此,我們卻可以從它已被運用到四大領域:女性主義的性別研究、心理分析的女性主義、社會主義的女性主義和弱勢(少數)族群的女性主義等看出其普及的程度以及可無限開展的特性。在台灣的現代文學批評裡,女性主義文學批評的引進遲至八○年代末才開始。但同樣的,台灣文學批評界對它的喜愛程度,不但可從包括了純理論的介紹和譯介它在西方文學界被運用的情形之專書與文章之多看出,也可從學者使用它來論述台灣的文學顯示出來。若舉其大者來看,如廖炳惠的《女性主義與文學批評》和張小虹《性別越界 ── 女性主義文學理論與批評》即屬於前者;而張小虹的《性別的美學/政治:論台灣當代女性主義文學研究》和林水福與林燿德編《當代台灣情色文學論 ── 蕾絲與鞭子的交歡》等即屬於後者。底下即舉兩個例子來稍加討論:

1、張小虹《性別的美學/政治:論台灣當代女性主義文學研究》。張氏本研究包含四個部分,即「台灣女性主義文學批評的論文與專書註解書目」、「台灣各大專院校女性主義相關課程開設情形調查表」、「台灣女性主義文學批評教學研究問卷分析」和「女性主義與當代台灣的文學研究座談會會議記錄」等。其方法是先以一個主題收集資料,然後再進一步分析和解釋,最後,她指出自一九八五至一九九五年間的女性主義文學批評和理論對台灣現代文學批評的影響既大且多,而尤其以把「美學和政治」混同為一最為明顯。當然,更令人印象深刻的是,張氏的論述方法是以「論述的領

域」為基點，而不是「地域」的自然指標。

2、林水福、林燿德編《當代台灣情色文學論 —— 蕾絲與鞭子的交歡》。這本論文集所討論的類別包括了小說、新詩、電影和媒體，而都以「愛情、慾望和情色」為探討主題。由於本論文集的編者和論文發表者都未曾對所謂「情色」加以說明，以致於使本書的焦點顯得有些含糊。不過，它也擁有兩個正面的意蘊：一是把台灣現代文學作家對這類創作在題材上最有興趣的對象是什麼顯現出來，二是讓我們更具體地了解到女性主義文學批評和理論的影響力，它使台灣現代文學在「性」、「慾」、「情」、「色」等方面的開發正逐步加溫之中。

（七）對新文類的重視

文類又稱文學的類別，它是指有一群頗大數量的文學作品，為了大致相同的目的而選擇了相同或近似的表現方式，而造成這些作品的形式體裁或內部結構可以被劃歸為同一類群的結果，譬如：小說、詩歌、散文、戲劇等。當然，也有從內容或題材上來做為這種區分標準的，如：戀愛類、鬼怪類等，以及把表現方式和題材兩者綜合在一起而分類的，如：戀愛小說、神怪戲劇等。而若從台灣現代文學批評的角度來觀察，台灣現代文學自七〇年代開始展現出蓬勃的朝氣後，也同時不絕如縷地出現了以下若干前所未有的新文類，如：兒童文學、報導文學、自然寫作、旅行文學、台語文學、原住民文學、客家文學、……等。而這些新文類在出現之後迄今，也已受到不少文學批評家的關注。底下便舉兩個例了來

稍加說明:

1、尹雪曼〈報導文學與報告文學〉。本論文首先替流行於台灣的「報導文學」稍作定義,認為它係源自於西方報紙上的報導性作品。但嚴格說來,卻與流傳於大陸,專為宣傳和政治服務的「報告文學」只有深度上的差異而已。本論文比較令人肯定的是它能以若干中、外作品為例,具體地說明了「報導文學」的特質,並推論出它可說是一種新興的文類。借由這篇篇幅雖然不長,但卻兼具理論和實例的論文,「報導文學」的定義是什麼已足以讓人了然於心了。

2、浦忠成(原名:巴蘇亞博伊哲努)的《台灣原住民的口傳文學》。浦氏先指出,台灣原住民自身雖沒有文字,卻擁有鮮明的文化傳統,因此,其代表性的文學便是沒有文字記載的「口傳文學」。這些口傳文學作品最大的特色是若非深具文化內涵的神話和傳說,便是具有禮俗特性、或屬重大事件的歌謠和說唱。浦氏並以台灣原住民中的鄒族為例,舉出其若干「口傳文學」作品來證明:它們的內容正是在敘述該族的某些特殊風俗和已消失的社群。總之,這類作品以具有嚴肅的性質和動人的內容為最大的特色,因此往往讓人讀後會於自然而然中產生惻惻之感與警惕之心。

(八) 強調文學與社會的緊密關係

文學是否應反映現實的世界或批判社會的現象,向來就是文學批評的重要課題。而台灣因歷史的特殊性,自明朝末年開始,不但成為「大陸」的「邊緣」,也曾被外國人所控制;尤其在清末被割讓給日本而成為殖民地之後,更使台灣

人產生深刻的孤臣孽子的感受。因此，文學批評家在面對台灣現代文學時，雖並未完全忽略作品的藝術價值，但卻常以其內容與現實社會的關係為考察和論述的重點。底下即舉兩個例子來稍加說明：

1、林載爵《台灣文學的兩種精神 —— 楊逵與鍾理和之比較》。本文主要在討論台灣的知識分子在政治和經濟全掌握於外國人之手的困窘環境下，如何藉著文學作品來呈現出人們對社會現實的兩種迥然不同的回應方式。其一以楊逵為代表。楊逵的小說經常以社會的不公和政治的黑暗為批評對象，而技巧地將積極的抗議精神隱藏於作品中，使作品擁有深刻的意蘊。其二以鍾理和為代表。鍾理和的小說常藉著鄉土上的小人物之遭遇，來反映出人民如何在不公不義的現實社會中隱忍自己的卑微歡樂和錐心之痛。總之，作者林氏此文所強調的，乃在文學的社會性上。

2、呂正惠《七、八十年代台灣現實主義文學的道路》。呂氏在本文中指出，不論是在大陸或台灣，現實主義（即社會寫實主義）文學一直佔有文學的主流地位。以台灣而言，雖然它於五、六十年代時先後遭到政治凌駕一切的反共文學，和以標榜完全創新的現代主義文學的衝擊，所以曾一度喪失其主流位置，但到了七、八十年代，又因鄉土文學的興起，而使寫實主義主學再度受到重視。尤其緊接鄉土文學之後的本土文學，雖因含有相當濃厚的統、獨爭議色彩而引發了社會的矛盾現象，但其反映社會的特色並沒有改變，其佔有文學潮流中的主要地位也是不爭的事實。

（九）台灣文學論的建構與後殖民主義文學批評

　　自古以來，文學和政治的關係即不絕如縷，若即若離。而最常見到的，是文學被視為可達成某些政治目的的手段：有時，它被用來批評、甚至顛覆政治體制；但也在某些時候，它成了被用來宣達政治、甚至寄以改造社會民心的工具。在台灣現代文學批評中，文學與政治的關係即表現得非常緊密，我們可以一些實例來稍加說明：

　　1、游喚〈八十年代台灣文學論述之變質〉。作者指出，在八〇年代之前，有關台灣文學自主性的論辯即已開始，但並無以任何意識型態為預設立場，更未想在理論上建構出台灣為新國家的企圖。但到了八十年代，以葉石濤為代表的文學詮釋團體，先是鼓吹台灣文學的主體性，然後再進一步提出台灣文學實屬於新興獨立的民族國家的本土文學之說。這一情形，尤其到了解嚴之後更是變本加厲。這一派的作家和批評家技巧地利用政治力量來配合其實際的行動，試圖從重新建構台灣文學做起，而以重新建構與中國文學無關的台灣文學史為目的。於是呈現出來的結果是，文學與政治深深掛在一起。由於，作者是以學者的身份在客觀地陳述、並探討分析這一現象，所以頗具說服力。

　　2、呂正惠《文學經典與文化認同》。呂氏在這本論文集中，首先針對近年來甚為流行的「台灣本土文學論」加以深入的討論；他指出，意識形態若凌駕了文化認同，其嚴重的後果將使台灣文學失焦、甚至失根。然後他再以大陸和台灣的作家和作品為例，指出兩者間的近似處和相關現象，最後

再提出兩岸文學實有無法分割的關係之結論。

3、陳昭瑛《台灣文學與本土化運動》。作者先評述台灣的歷史脈絡和各時期的文學大要，再指出台灣文學的本土化應該植根在中國文化和原住民文化上。最後並清楚地勾勒出台灣文學的本土論者，若從縱貫性的歷史演變來看，實可以「反日」、「反西化」、「反中國」為三個歷史進程。作者深刻地提出，文學本土論者的這種觀念和認知，實乃建基於被殖民者的悲情經驗之上。

4、邱貴芬《仲介台灣女人—後殖民女性觀點的台灣閱讀》。收入在本論文集裡的各篇論文，其論述理論全都是建立在同樣具有少數或弱勢色彩的「後殖民主義」和「女性主義」之上。而其論證的策略，先是突出台灣文學論述在長期以來，實皆屬男性為主的傳統，然後再從女性主義的觀點對其大加撻伐，而提出女性文學應也能具有同樣重要地位的期望。接著，作者再融入後殖民理論的批評，指出台灣的女性主義文學批評在強調台灣女性文學的重要性時，常會混入政治壓抑、族群認同和後殖民的不公平現象等議題，而造成立論混淆不清的現象。

總之，台灣現代文學批評實有二個最巨大的特色，其一是在理論基礎上幾乎全建立在外來的西方文學批評理論上。其二是它的走向有日漸以「政治」為最高目標的情況。而這兩者合一之後，台灣的現代文學批評雖因而具有旺盛的活力，但在政治的企圖和意識形態的牽引下，不但未能顯出五彩繽紛的景象，反而有越來越顯單調的趨勢。

現在，再讓我們從「省思」的角度來談台灣的現代文學

批評狀況。如上所述,台灣的現代文學批評若從光復之日開始算起,其內容雖然還無法稱得上多采多姿,但在還不到七十年的時間之內就能有如此耀眼的成果,也的確足以讓人印象深刻了。不過,它在這段時間裡所展現的流變過程,也出現了底下兩個值得所有關心台灣現代文學批評發展的人應該注意的要項:

(一) 文學與非文學的關係宜釐清

文學批評的重要功能很多,除了人所周知的以邏輯思維為基礎來建立各種文學理論體系,以供批評家與讀者深入地分析、解釋與評價文學作品之外,它對「文學本質」的探求和闡釋尤其重要。在這方面,它指出了「文學」雖然無法跟時代和環境完全脫離關係,甚至有時還得依靠這些「與文學有關的外在因素」來深化或拓展文學的意涵,但「文學」實不宜因此而與這些「外在的因素」糾纏不清,甚至於成為這些外在因素的附庸。然而很不幸的,這種情況在中、外都曾發生過,而且還造成了極大的影響。譬如:一九四九年以後的中國大陸,便因接受了「馬克思 —— 列寧的社會主義文學」觀念。把「文學」當作是一種替「政治」作宣傳、感染等工作的有效工具。這種文學工具論在政治力量的主導下,造成了大陸的現代文學幾乎全部都籠罩在政治陰下;於是,文學作品若非極力對社會主義歌功頌德,便是對非敵人作最嚴厲的批判。因此,中國大陸在這段期間裡的現代文學不但顯得非常單調,而且因充斥著既與現實社會甚有差距的理想性格,對人性又極盡壓迫和扭曲之能事,所以文學價值甚低。

也是因此之故，到了新時期之後，因思想控制不再，所以作家們才能在一片開放聲中，創作個人喜好的文學作品，而使文學界出現五彩繽紛的欣欣向榮的景象。

台灣在日本殖民時期，現代文學雖也有超現實與寫實等不同的文學主張和創作，但在作品與作家的數量上，寫實的路線顯居於主流的位置。但這情形到國民政府來台之後，一方面把官方語言從台灣多數人所熟悉的日語變回中文，使得台籍作家噤聲；再加上施行嚴格的文藝控制政策，所以也使習慣使用中文的省外作家只能寫「不違反政策、甚至配合國策」的「反共」與「戰鬥」的文學作品。這一個非寫實、或假寫實的情況，在其後自西方引進的以象徵和反現實為主要內涵的「現代主義」推波助瀾下，因引發鄉土文學的對抗才有了改變，也就是一直要到此時，才又出現真正的寫實文學。同時，更在隨之而來的許多西方「文學批評」的激盪之下，形成了五彩繽紛的景況，也出現了許多傑出的作品。當然相同的，前述那些因配合國策而席捲當時文壇的「非寫實」作品，也是因工具性高於文學性之故，使得其文學價值偏低。

換言之，文學固應該有海納百川的容量，但也只有在真正擁有自主性的時候，才會出現好的結果。

（二）文學的主體性與批評的單一化宜調和

一九七○年代末葉之後，以跨越國界的文學為研究課題的「比較文學」被引進台灣的文學界，而且在大學裡成立研究所，使台灣文學界因此有了放眼世界的機會。一時之間，流行於國外的許多文學思潮，諸如：結構主義、符號學、解

構主義、現象學、詮釋學、後現代主義、心理分析、原型批評、女性主義、讀反應理論、……等等，因都有人對它們從事專注的理論研究與實際的運用，所以一個個都成為文學界的熱門課題。事實上，那時的台灣文學研究，包括古典文學與現代文學，幾乎有成為這些西方文學批評的競技場之趨勢；當然，這一時期的台灣現代文學也因而呈現著五彩繽紛的景象。

但是，自從一九八七年政府宣佈解嚴之後，各領域中主張尋求台灣主體性的呼聲越來越高。在文學界裡，原來色彩繽紛的景象中也逐漸顯現出一條從鄉土文學，到寫實文學，再到本土文學的軸線，呼籲文學應該正視台灣的現實社會。其中，表現得最讓人印象深刻是主張撰述或編纂以「台灣」為地域範圍的「台灣文學史」。在文學批評上，一九八〇年代末期出現了一個席捲第三世界的「後殖民主義」── 一個以反對西歐、美國等科學先進國家為世界中心，而主張殖民地在脫離殖民帝國的控制之後，應該建立一個完全以自己為主體的文化理論。這個理論不但也在此時被引進台灣，更因為它在許多方面頗能符合台灣文學主體性的需求，所以也逐漸成為台灣文學批評界裡的主流理論了。十多年下來，台灣的現代文學研究雖然在這個理論的支持與催化下，特別在寫實文學方面獲得了亮眼的成績，但原來因多元並行而內涵豐富多彩的文學批評界卻已日漸單一化了。事實上，台灣的現代文學批評除了「女性主義」尚能展現出勃勃的生氣之外，其他的批評理論幾已消失不見。而若我們再觀察得仔細些，連「女性主義」也都有變成一種與「後殖民主義」混合的「女性後殖民主義」之現象。

談英國的「文化研究」趨勢：從「高尚文化」到「大眾文化」

　　在學術研究上，社會學家常把一九八〇年之後稱為「後資本主義時期」，也是一個全世界密布跨國性企業，商業影響力擁有超越一個國家的政治力，甚至軍事力的時代。不過，與之俱來的追求奢華與享受物慾的風氣，卻也激起了一股「文化研究」的風潮，最後還出現一種以高尚的「精神」來與放縱的「物質」相抗衡的局勢。

　　由於「文化」（culture）的範圍過於廣泛，甚至幾乎等於社會現象的總和，而且性質也非常抽象，很難指出其具體而明確的指涉，再加上「它」的內涵會隨著時代而改變，所以這個詞語實在很難定義清楚。不過，因「它」是一種世界各國都有，並且與人們的日常生活密切相關的現象，故而也是一個亟須加以釐清的問題。筆者認為，若我們將「它」縮小到「文化研究」的範圍內來觀察，或許可得到一個比較具體的結果。

　　「文化」被視為一個研究課題來討論，大約是起於十八世紀末期的英國 ── 工業革命的發源地。英國自工業革命發生之後，因機器加入生產行列，人民的生活乃發生重大的變

化;而普遍使用機器的結果,則造成人民的財富出現重新分配的狀況,甚至促使原有的社會結構和堅實的貴族封建制度逐漸受到撼動。等到這一改變隨著歐洲列強到各地強勢殖民而擴大到全世界時,英國上下已經深深體會到他們的生活狀態、水準,以及社會的氛圍、價值觀等,全都和過去不同了。面對這種劇烈的變動,英國的知識界所做出的最重要回應,就是「文化研究」運動的出現。若仔細觀察這一運動的內涵,我們不難發現「它」實可依時間的流動而被勾勒為:從貴族的「高尚文化」轉向平民大眾的「通俗文化」。

一、貴族階級的「高尚文化」: 從馬修・阿諾德到李維斯

(一)馬修・阿諾德(Mathew Arnold, 1822-1888)

阿諾德是英國近代的重要詩人,出版有《迷途浪子》(The Strayed Reveller)、《詩集》(Poems)、《詩歌二集》(Poems: Second Series)和《新詩集》(New Poems)等詩集。他也是一位成功的教育學者,自牛津大學畢業後,便長期投入英國各地的教育調查、研究與評論,而對國家的教育政策產生甚大的影響。而他在 1869 年出版的《文化與無政府狀態》(Culture and Anarchy)一書,更使他為成為英國「文化研究」的建基者。這本書的主要內容,就是在探討如何面對當時的英國在走向現代化的過程中所發生的許多嚴重的問題。更具體地說,阿諾德所處的英國,正是工業快速發展,生產系統急遽改變,都市逐步出現,而人民的生活方式也受到激烈撞

擊的時代。整個英國社會在嶄新階級的出現下，正面臨著由他們所衍生出來的新型文化。當時，封建貴族的統治方式已經無法有效地施行於全國各地，而被統治的社會基層人民也敢於發出自己的聲音，尤其是當時的宗教已失去原有的權威地位，…等，所以阿諾德乃把它稱為「無政府狀態」。

　　阿諾德明白指出，這種「無政府狀態」是一種以新出現的「都市」為中心，來自各地的社會基層大眾，特別是工人階級，在那裏所匯集而成的低級的大眾文化。它藉著「民主政治」之名而廣受人民歡迎，但實際上卻因人人都以自我為中心，忽視將社會凝聚在一起的重要性，以至於造成社會無法平靜，長期陷入混亂狀況的結果。因此，阿諾德乃呼籲大家應該要重視「文化」。不過，仔細了解他所提出的「文化」內涵，不難發現它其實是以原先的貴族社會制度為基的，因為它最具體的兩項內容：「美好」與「光明」，前者是指學習世界曾經被思考過或說過的最美好想法，後者則指學到「美好」之後，使人能獲得頭腦清晰，思慮周延而有責任感的優點；而兩者合起來，就是追求整體的完美感。換句話說，就是希望能夠將人類傑出的思想傳統繼承下來，繼而整合社會的文化價值體系，使人人能夠團結合作，進而消除不同的階級與黨派之間的鬥爭。只是這樣的主張，看起來比較像是一種尚未達成的理想，而且還缺少了如何能到達此一理想的具體進程，對於解決當前國家與社會所面臨的各種糾紛而言，不僅緩不濟急，也可能不會有預期的效果。

（二）李維斯（F. R. Leavis, 1895-1978）

經過了半個世紀，阿諾德這種愛護貴族的高尚文化的主張仍有人繼續發揚，李維斯（F. R. Leavis, 1895-1978）就是其中的代表人物。李維斯在〈大眾文明與少數文化〉（Mass Civilization and Minority Culture）中主張，「文化」具有能使人學會辨別優劣，認識正確方向的社會規範之功能，所以是傳統中最精緻、最美好的生活方式，但也因容易遭到破壞，所以必須依靠社會裡的少數菁英分子來維持和推展。因此，李維斯認為最需要釐清的問題，就是「文化」既不同於和使人沉迷於幻想而導致無法適應現實環境的「通俗小說」，也與讓人容易陷溺於廉價的感動，進而造成幻想與現實相互混淆的「電影」有別。除此之外，「它」更與使人習慣於低俗的語言，淺濫的情感，以至於沒甚麼水準的「大眾文化」也不相同。

二、大眾的「通俗文化」：從霍格特到強森

第二次世界大戰之後，各國的社會型態也都起了變化。以英國而言，因經濟快速復甦，勞工收入大幅成長，而使藍領階級與白領階級之間的差距漸漸縮小，進而形成資本主義消費社會的型態。隨後，英國又大力推動社會福利制度，使原本位居社會底層的人生活水準逐漸提升，同時，工人階級接受教育的機會也增多，讓人人都可以成為文化人，…等，這些趨勢，在在都衝擊著當時社會的主要潮流－文化菁英主

義。到了一九八〇年代，英國的大學校園裡終於正式設立了以研究和推動「大眾文化」為主旨的組織，即：伯明罕大學（University of Birmingham）的「當代文化研究中心」（Center for Contemporary Cultural Studies）。底下是幾位都是在「大眾文化」的推廣與研究上甚有功績的人；他們的見解大約可勾勒如下：

（一）理查·霍格特（Richard Hoggart, 1918-2014）

霍格特出身於貧苦家庭，年幼時父母即相繼辭世，而由祖母照顧長大。後來申請到里茲大學（University of Leeds）的獎學金而進入英文系就讀，並成為語言和文學的教授；1964年，他成為第一任伯明罕大學的「當代文化研究中心」主任。他在 1957 出版的《識字能力的用途》(The Use of Literary，也有譯為：文化的使用)被視為「文化研究」領域裡的經典著作，不論是研究方法或是提出的見解，對這一領域都有深遠的影響。這本書由兩部分組成。第一部分描述了霍格特自己在青年時期，也就是二十世紀的三〇年代裡曾親見耳聞的工人階級的各種文化。他採用了民族志的方法（ethnography），透過親身的經驗和記憶，詳細地描寫工人階級的文化生活，包括他們在小酒館或工人俱樂部裡的各種活動，他們說話的語言習慣和個人的私生活，以及流行於他們之間的報紙、雜志與刊載於上面的各種故事等等。由於他採用這一特殊的方法，而使第二次世界大戰之前的工人階級的生活與文化氛圍等，都能夠鉅細靡遺，栩栩如生，並且如實地展現出來。最後，霍格特還進一步提出這樣的概念：任何階級的人類生活

本身，必都含有吸引人的特質，而因這些特質可用任何洽當的形式來表現，所以只要能做到把「人」表現為「真實的人」，就會讓觀眾覺得興味盎然，而且受到歡迎。

該書的第二部分描述的是二十世紀五〇年代的美國。霍格特指出，美國在五〇年代時，工人階級的樸實文化正面臨著各種大眾娛樂的新型式之衝擊。那時，流行於美國的大眾娛樂文化雖然顯得非常時髦，但它的性質卻是墮落的，譬如：新式雜誌喜歡報導的多是屬於與金錢與權威有關者，同時，若非大肆渲染怪誕的事件，便是強調奇異的舉止，例如：工業鉅子的同性戀行為、電影明星的出軌事件、嬉鬧不堪的家庭生活、令人瞠目結舌的古怪言行，…等。霍格特對這些文化現象提出了強烈的批判，他認為這類時髦的美國電影、流行音樂、犯罪小說等，因為缺少屬於大眾生活、文化經驗中的有機的、穩固的根基，所以只能算是「文化」贗品而已。這些在內容上常含有趨炎附勢，以中產階級為主要背景的娛樂文化，其實正在嚴重地侵蝕，甚至取代第二次世界大戰之前的那種健康、純樸的工人階級大眾文化。

（二）雷蒙・威廉斯（Raymond Williams, 1921-1988）

威廉斯是英國著名的馬克思主義文化批評家，也是非常重要的「文化研究」學者。他出身於工人家庭，小時候的家境清寒。高中畢業後，則獲得獎學金而進入劍橋大學攻讀文學。因深刻了解社會底層人們生活的艱苦，所以在第二次世界大戰結束後，便回國積極參成人教育，希望提升工人的知識和技能水準，讓他們有能力改善自己的生活。事實上，威

廉斯正是一位畢生以文化和社會為研究課題的學者，有關這一領域的著述非常宏富，而且都各產生過具體的影響。當他於 1988 年以劍橋大學講座教授的身分辭世時，即被譽為「戰後英國最重要的社會主義思想家、知識分子與文化行動者」。底下便以他的著作中對「文化研究」影響較深的兩本書為據，來勾勒他在這方面的主要觀點。

1.1958 年出版的《文化與社會》(Culture and Society：1780-1950)

　　威廉斯在這本書裡指出，因為「文化」的主要內涵就是人們在思想和感覺上對日常生活變化的各種反應，所以「它」的主要特性質，便是其內涵會隨著長期的社會、政治與經濟的變動而改變。換言之，如果能將長時間裡的這些反應據實記載下來，即可形成「文化」的觀念史。

　　「文化」的範圍既如此廣泛，其內涵又會不停變動，所以威廉斯更具體地指出，我們前應重視的乃是以大多數人為主要考慮對象的「大眾文化」，而非阿諾德、李維斯等所支持的菁英式的「高尚文化」。在提倡推廣「大眾文化」時，威廉斯因鑑於「大眾」（mass）這個字含有「暴民」(mob)的意涵，所以主張不要採用「大眾傳播」(mass communication)之類的語詞，而建議改用「通俗文化」（popular culture）一詞，因這一詞語的意思可以兼括「大眾文化」、「公共文化」、「多元社會」或「多元利益」等詞語的涵義。

2.1961 年出版的《漫長的革命》（Long Revolution）

　　威廉斯在這本書裡更明確的強調，「文化」即是「人們

的所有生活方式的總稱」，因此，文學、藝術等當然也包括在內。不過，「它」今天的主要內涵已非過去只有貴族才有資格參加的高雅的藝文活動，也不是必須以財力為基礎的奢侈的社交活動。自從工業革命發生，經過了兩、三百年之後，社會已趨向以工商型態為主，政治活動也越來越民主，同時，風氣也日愈自由和開放，教育也大為普及；換句話說，經過這一漫長的時間後，社會已在悄無聲息中發生「革命」了。因此，所謂「文化」活動，已非只有位居社會上層的少數菁英人士才能參與；「文化」也已經可以等同於一般人的生活經驗，而且是包括「文本」與「生活實踐」在內。因此，我們甚至可倒過來說，「文化」已不可能脫離我們的物質生活條件而存在了－而這就是「文化唯物主義」。

（三）史圖亞特・霍爾（Stuart Hall, 1932-2014）：第二任主任

霍爾是英國現代著名的文化理論家、媒體理論家與文學批評家。他在擔任伯明罕大學「當代文化中心」第二任主任時，強調面對新時代的社會，有關「文化研究」的內涵與方法也應該有所調整，因此乃將社會、文化、媒體等結合成為一個新的課題，並且提出嶄新的研究方法，而完成了豐碩的研究成果。這一成就，使他被公認為當代「文化研究」的主要領導人。此外，由於霍爾出身於英屬牙買加的印地安家庭，擁有複合的血統，所以自牛津大學取得文學碩士學位後，便針對「大眾文化」與「傳播媒體」的關係進行深入的研究，希望能透過「媒體」的影響力使不同的種族獲得平等的地位，

也讓不同的文化能被公平的對待。他這種熱忱、論述與實際行動結合的成就，終於使他被譽為現代知識份子的典型。

霍爾出版的專門著作雖然不多，但因常有論辯、演講、訪談和替他人寫序等活動，所以也發表了許多鏗鏘有力的單篇文章。他在「文化研究」領域裡最富創見、影響力，並被廣泛引用的文章是 1973 年所發表的〈電視論述中的編碼和譯碼〉（Encoding and Decoding in the Television Discourse）一文，後來收入 1980 年出版的《傳媒、文化、語言》（Media, Culture and Society）一書中。這篇與「文化研究」關係密切文章主要是探討有關「電視論述」（television discourse,也可譯為「電視話語」）的「意義生成」問題，其要點大約可歸納如下：

1.在現代社會裡，「訊息傳播」扮演著非常重要的腳色，不僅社會內的不同階級之間需有傳播的管道來互通訊息，不同的國家與文化也應該要有方便而正確的傳播媒介來作為互動的橋樑。在各種傳播媒介中，因「電視」擁有直接而快速地與大眾接觸的特質，所以也最具影響力。

2.「電視」的「話語」真的是正確無誤與客觀公正嗎？這便需要仔細分析「電視話語」在「意義的產生與傳播」上的情況；而其過程則包含了三個階段：

（1）制碼（encoding）：「電視話語」的「意義」不但不可能完全客觀，也不可能絕對正確的，因為「它」乃是「電視專業工作者」對原材料的加工結果。「電視專業工作者」既是「人」，當然會有自己與機構（公司、組織、團體等）的看法、立場，甚至是目的。以這些作為立足點，然後經過

一個流程，將原材料加工製作，然後再將其結果傳達出來，這樣的過程顯然已把傳達者的意識形態或世界觀融入在內了。

（２）成品（product）：「電視作品」（指「節目」）完成時，該「成品」的意義應該也就此確定。然而，因為這個成品是用具有含混性質的「語言」去組成「有意義的話語」的，所以成為「電視話語」後，此成品必然會是一個意涵開放、多重義涵的「話語系統」。

（３）解碼（decoding）：觀眾是接觸「成品」的「人」，而他（們）都是在特定的「語境」內，以自己的世界觀和意識形態為立足點，再採取自己的方式去解開該話語系統，了解它所傳達的意義的。因此，「每個人」對同一成品的了解也不會完全相同。基於此，霍爾乃進一步將「觀眾」在「解碼」上釐析出下列三種不同的情況：

　　a.接受：觀眾所選擇的立場和電視製作者的專業制碼立場一致，而接受「成品」（即「電視話語」）所傳達的意義。

　　b.自主：觀眾既不完全同意，也不完全否定「成品」傳達的意義，而以自己的特定情況來解碼；這是大多數觀眾會採取的立場。

　　c.對抗：觀眾雖了解「成品」的意義，但卻選擇與其相反的立場來解碼。

　　霍爾這篇文章主要是想指出，「了解成品的意義」——即「解碼」乃是由「觀眾」作主的。換言之，「大眾」才是賦予成品意義的主角，也是「生產」作品意義的人！

　　除了上述學者之外，英國伯明罕大學「當代文化中心」第三任主任理查·強森（Richard Johnson）也是「文化研究」裡值得一提的人物。他曾於 1987 年發表〈究竟何謂文化研究？〉一文，並在 2004 年出版專書《文化研究的實踐》（The Practice of Cultural Studies）。在「文化研究」上，強森的論述被視為具有左派的色彩。他認同「文化」乃是以人民的生活為基的，所以應該要與「大眾」，特別是「工人」階級緊密結合。對他而言，「工人文化」不但內容健康，而且還含有對抗權利的意涵，因此值得推崇。比較特殊的是，強森還直接批評「美國式的大眾文化」，認為它因太過重視享樂，趣味低俗，並且缺少理想和目標，故而對年輕人有害，所以應該嚴厲批判。

　　「文化研究」的內涵既豐富且複雜，在學科上包括有社會學、政治學、經濟學、人類學、哲學、美學、倫理學、文學、…等等，可說是一項由許多學科滙合而成的「綜合性學門」。只是相對於自然、理工科學而言，「它」比較傾向於人文社會領域。據此，「文化研究」當然不等於「文學研究」，「文化理論」也與「文學理論」有別；「它」乃是應著跨學科整合研究的時代大潮流而出現的。不過，若從「文學理論」的角度來觀察，在趨勢上，「文化研究」從講究「高尚文化」逐漸趨向重視「通俗文化」，從以「貴族」為尊，到以「大

眾」為主,以及後來在「大眾」已成為主流後,還自其內析離出「健康」與「奢華」的區別,…等,都與「文學理論」的探討重心從「作家」到「作品」,再到「讀者」的趨勢,也就是逐漸走向「民主」時代相符合。此外,在研究的內涵與方法上,兩者的逐漸由專業傾向「綜合」也是一致的。因此,把「文化研究」視為值得「文學研究」領域參考的相關學門,應該是可接受的觀念。

周夢蝶詩風析論

── 以其人生歷程為基

一、引　言

　　周夢蝶（1920-2014）創作新詩的時間雖然長達四、五十年，但迄今為止，其新詩作品包括收於《孤獨國》、《還魂草》、《十三朵白菊花》與《約會》等四本詩集中的 230 首，[1]以及刊載於各種刊物或未曾刊出者，總數也不過三百多首而已。[2]因此，從新詩創作的數量而言，周夢蝶在台灣新詩壇裡的著名詩人中可說是屬於比較少的。然而，除了極為少數的例外，[3]周氏在台灣新詩的研究領域裡可說是一位深受肯定的詩人。以如此的數量而能擁有這麼高的聲譽，論者的主要理由多不約而同地指向：這和他的新詩作品裡所呈現的獨特「詩

1　據白靈在〈偶然與惑然 ── 周夢蝶詩中的驚與惑〉一文所述，此四本詩集總計收有 230 首詩；請見《台灣詩學季刊》，2010.07，頁 122。
2　依據曾進豐在其書《聽取如雷之寂靜 ── 想見詩人周夢蝶》中所言，周夢蝶的詩應有三百多篇。台南：漢風出版社，2003，頁 50。
3　例如資深詩人郭楓在其〈禪裡禪外失魂還魂的周夢蝶 ── 解析《還魂草》並談說周夢蝶詩技〉一文中，便有如此尖銳的批評：「他（指周夢蝶）的今之古詩，顯示的乃是：瀟灑的狹隘，流麗的晦澀，奇巧的拙劣，風雅的庸俗。這種詩（指《還魂草》中的詩），是技巧的精緻的工藝品，不是生命鮮活的藝術品。」載於《鹽分地帶文學》，第四期，2006.06。頁 181。

風」有密切的關聯。

　　周夢蝶的新詩被認為獨特之處不少,包括:題材的種類、主題的含意,以及創作的技巧等。但如果從周夢蝶的整體詩作來論,則「孤寂」[4]與「淡遠」[5]或許可視為他的前、後期詩最突出的「風格」[6]。只是,所謂「風格」,其具體內涵究竟是指甚麼呢?同時,它又是如何形成的?此外,它是否可視為評定新詩作品的水準是高或低的重要條件?更重要的是,「風格」所涵蓋的範圍只限定在「作品」上?或是指將「作品」與它的「創作者」兩者融合在一起的範疇?…類似這些問題,歷來的文學評論家與詩歌研究者都曾提出各自的說法,但卻多屬概要式的描述,也因此無法真正幫助讀者深入了解「詩歌風格」的內涵與其重要性。事實上,正因為「風格」的定義始終未能出現足夠讓人明白的解釋,故而使有關「詩歌風格」的探討若非只討論「詩」在「題材」上的特色,便是在「主題」、「創作技巧」、或詩中所呈現的「詩人的特殊人品與性格」…等的單一項目上。

　　由於「風格」與「特色」甚有關聯,所以研究「詩」在「題材」、「主題」、「表達技巧」與「其作者」等方面的「特色」,的確在某些層面上可以呈現出「詩」的「風格」。但筆者認為,如果能以「如何形成」為觀察點來理解詩的「風

---

4 請見胡月花〈市井大隱、簷下詩僧 —— 周夢蝶的生命、思維以及創作歷程探討〉,《育達學報》,第十六期,頁 83、85。

5 請見曾進豐《聽取如雷之寂靜 —— 想見詩人周夢蝶》,台南:漢風出版社,2003,頁 131。

6 有關「風格」的意涵,筆者在拙著《文學概論》也曾提出比較具體的解釋。請參考該書頁 241-255。台北:文史哲出版社,2004。

格」，則「詩」中所隱含的「表現技巧」，以及這種技巧的基礎－每位詩人的「獨特性格與經驗」，應該是兩項密不可分而必須說明清楚的關鍵點。筆者持這一看法的理由有二，其一，「詩」的「表現技巧」不僅是促成作品成就高低的根本因素，也是塑造其「風格」的主要手段；其二，「詩」乃是「詩人」以他獨特的語文技巧把他自己與眾不同的內心活動具體呈現出來的結果。換言之，當詩人在創作詩時，他已在自然而然中將自己的性格、經驗與知識、技巧都融入了詩中，也因此形成他的詩所獨有的「風格」了。

當然，將周夢蝶的詩與其生平和性格結合在一起，已經是專家們研究周夢蝶詩的普遍方式。但是，這些研究或許是因為過度重視詩的題材內容與周夢蝶獨有的佛、道兼容的思想之關係，以至於在詮釋周夢蝶的詩時，往往只能達到讓讀者「知其然」的層次，也就是只說明了周夢蝶的詩在內容上與其個人的經歷如何相關；但是，對於他的詩之所以出現「孤寂」與「淡然」的風格是否與他的創作方法有關上，因研究者往往將周夢蝶「所有的詩」視為「一個整體」，所以多採「綜合性」的方式來「歸納」周夢蝶詩的寫作特色，而甚少仔細地針對周夢蝶的某一首詩在創作手法上有何特色進行完整的「分析」，因此，這些研究並無法讓讀者了解周夢蝶的詩「為何會有如此風格」的原因。

筆者因認為周夢蝶的詩風係由他將自己的「特殊經歷與性格」融入其「作品的特殊題材和寫作技巧」之中所致，所以底下便以這兩個項目為焦點，來闡釋他的詩所以會形成「孤寂」或「淡遠」風格的主要原因。

二、「詩」文類與其作者的關係

在各種「文學類型」（literary genre，以下簡稱「文類」）中，如果以文學作品的內容和其創作者之間的關係來論，毫無疑問的，應屬「詩」文類作品的內容與其作者的關係最為密切。以現今最普遍的四種文類來看，「小說」類的作者與其小說作品的內容便缺少直接的關係，因為小說的內容是由它的「作者」所創造、虛構的「敘事者」（narrator），也就是將小說的故事內容說出來的人，代為敘述出來的，所以小說的內容當然與「作者」不可能有直接的關係。若從更細緻的角度來看：當這位敘事者是作品故事的旁觀者時，[7]他與該故事的關係是非常疏遠的，更別說是作者了；而當這位敘事者正好也是故事裡的主要角色時，[8]雖然他與作品的內容甚有關聯，但因他並非小說的作者，所以這類作品的作者與作品的內容依然是維持著一定的距離。至於「戲劇」類的作品，因它的內容是由劇中的各個角色來表現自我，以及由角色之間的互動等兩種動作所組合而成，所以它的內容和它的作者也不可能有太緊密的關係。此外，另一種稱為「散文」類的作品，若追溯到古代（當時稱為「文」或「古文」），其主要觀念若非像曹丕（187-226）一般，以功能為著眼點而強調

---

7 這類小說即由俗稱「第三人稱敘事觀點」或「全知敘事觀點」所敘述出來的。
8 這類小說則是由俗稱「第一人稱敘事觀點」所敘述出來的。

「文章，經國之大業」，[9]便如同韓愈（768-824）一樣，從性質上將其描述為「文以明道」，[10]因此「文」的內容與作者心裡的情志之間實有頗大的距離。雖然到了現代，在它的名稱被「散文」取代之後，這類作品中以作者的情意與感受為主要內容的作品逐漸增多，但在語文的使用上，其情感色彩仍不如詩歌的鮮明、強烈。

　　「詩」文類的作品和其創作者之間的關係，顯然比前述三種文類密切得多。自古以來，它的內容即被視為其「作者」的內心情志，譬如《詩經‧大序》中說：「詩者，志之所之也，在心為志，發言為詩。」[11]又如陸機（261-303）在他的〈文賦〉裡也說：「詩緣情而綺靡」。[12]這類觀點，到了劉勰（496-532？）在《文心雕龍‧明詩》篇[13]寫出了：

> 在心為志，發言為詩，…詩者，持也，持人性情。…人秉七情，應物斯感，感物吟志，莫非自然。

等一段文字後，「詩」與「其創作者的情志」具有密不可分

9　曹丕的《典論‧論文》，收於《全上古三代秦漢三國六朝文‧全三國文》，第二冊，卷 8。北京：中華書局，1995，頁 1098。

10　唐朝的文豪韓愈在〈原道〉篇中提出從堯傳到舜、禹、湯、文、武、周公、孔子的儒家「道統」，並在〈爭臣論〉一文中強調君子寫的文章要能「明其道」。所以他的學生李漢在〈唐吏部侍郎昌黎先生韓愈文集序〉裡將他的主張歸納為「文者，貫道之器也。」

11　請見孔穎達《毛詩正義》卷第一一一，《十三經注疏》（三），台北：藝文印書館，民國 74 年，頁 13。

12　陸機的〈文賦〉，收於《全上古三代秦漢三國六朝文‧全晉文》，第二冊，卷 96。北京：中華書局，1995，頁 2013。

13　請參王更生注譯《文心雕龍讀本》，上篇。台北：文史哲出版社，民國 77 年，頁 83。

的關係，便已成為中國詩歌傳統中的主流觀點了。

因此，如果要清楚地說明周夢蝶的詩何以與其他詩人的詩不同，則在析論他的詩作時，有關他的出身、個性、生活、經歷、學識、朋友，以及他所處的時代和環境等因素，便不能只視為用來解釋他的詩的「參考資料」而已，因為它們本身其實也都是促使周夢蝶會寫出他獨特詩作的「重要原因」。

三、周夢蝶的主要經歷及其詩風的形成

說周夢蝶是一個詩人，大概不會有人質疑。但他為何會成為一個終身創作新詩的詩人呢？這樣的問題雖然含有強烈的後設成分，也就是以結果來追溯其原因，但因它乃是分析周氏詩風的重要基礎，所以仍屬必須先行討論的問題。首先，讓我們來看看周夢蝶自己曾說過的以下一段話：[14]

> 詩人乃人類的烏鴉，敏感而善說，預知人世之災患，
> 故發為詩歌，歡辭少而哀情多。

這段話在文意上，似乎已間接說明了周夢蝶為何要創作新詩的原因。然而，以它的內涵所寓含的哲思、說話的口吻如此冷靜、以及話語中所具有的高度使命感等來判斷，它顯然是在周夢蝶擁有豐富的寫詩體驗，並對詩歌的性質與功能

---

14 請參王保雲：〈雪中取火，鑄火為雪 —— 訪詩人周夢蝶〉，《海工青年》，4 期。1983.11。筆者也想在此強調的是，周夢蝶似乎習慣以毛筆為書寫工具，並且以文言文的行文方式來書寫。

都有深刻的理解之後，才有可能說出來的話；而這，顯然與一般所了解的周夢蝶「早期」為何寫詩的實際情況並不相同。

自理論上而言，詩人創作每一首詩必定都會有特定的原因，而此原因與詩人當時對詩的理解與態度－也就是詩觀，必然有關。只是，詩人對詩的理解與態度是會隨著他個人的人生歷練與寫詩經驗的累積而不停改變的。因此，只有等到詩人不再創作詩時，他一生中的主要詩觀才有可能被歸納出來，而且，他的觀點也不可能一層不變。換言之，身為詩人的周夢蝶，他對詩的認識與態度也是隨著年歲的增加而不停改變的。

據此，本文將把「周夢蝶為何要寫詩？」這個命題，擴大為「寫作新詩在周夢蝶的生命中具有甚麼重要的意義？」使這兩個層次雖不同，卻密切相關的問題結合起來，再以周氏的詩觀也持續在變為認知基礎，而將創作新詩在周夢蝶生命中的意義，依照時間先後分為以下幾個階段來析論：[15]

（一）《孤獨國》時期（1959年之前）

周夢蝶的本名為周起述，是河南淅川縣人。因父親在他出生之前即已過世，所以他的童年生活非常困苦，也養成了沉默寡言的性情。小時候，他曾在私塾裡學習四書五經與古詩詞，所以奠定了古典文化與文學的基礎。他於十七歲時，

---

15 有關周夢蝶詩的分期，論述者不少，如姚敏儀、周伯乃、劉永毅、曾進豐、胡月花、蕭蕭等；因他們關注的焦點不同，所以結果也有異。請參胡月花〈市井大隱、簷下詩僧 —— 周夢蝶的生命、思維以及創作歷程探討〉，《育達學報》，第十六期，頁80-81。

與三歲時即訂親的對象結婚。十九歲才入小學，但因成績優異而在一年後即畢業。初中畢業後，他進入因戰亂而從河南鎮平縣遷到淅川縣的開封師範學校就讀。但在兩年後，開封師範因抗日戰爭勝利而遷回原址鎮平縣，周夢蝶卻因親老、家貧，無法隨著學校搬遷，所以在未完成師範學業下，便留在家鄉擔任小學與中學教員。不久，國、共之戰發生，周夢蝶在環境逼迫下，於 1948 年投身軍旅，並隨部隊輾轉到台灣，而於鳳山駐紮下來。自此，他與妻子與三個留在家鄉的子女即分隔兩地，無法互通訊息。這一痛苦的經歷顯然對周夢蝶的心靈與眼界都造成不小的影響。直到 1997 年，他才有機會返回隔絕了五十年的家鄉探親；但他所得到的，卻是只見到已成家的女兒一家而已，他的妻子與兒子都已經辭世了。

　　周夢蝶於 1948 年 12 月到台灣後不久，蔣介石總統於1949 年 1 月 1 日在南京宣布辭去「中華民國」總統之職。1949年 5 月，台灣省主席陳誠宣布台灣實施戒嚴，禁止言論與出版的自由。1949 年 10 月 1 日，毛澤東在北京宣布成立「中華人民共和國」，而美國也宣布放棄支持台灣的國民政府。1950 年 3 月，蔣介石在台北宣布恢復「中華民國」總統職權，以軍政方式治理台灣。1950 年 4 月，國民政府在重視文宣政策的考量下，成立了「中華文藝獎金委員會」，以高額的獎金獎助反共文學作品，而使這一主題擁有最大的發聲空間。1954 年，成立於 1950 年的「中國文藝協會」更在「五四文藝節」發起「文化清潔運動」，要求文化界一起「撲滅赤色的毒，黃色的害，黑色的罪」，並取締違反文藝政策的作品。於是，反共與戰鬥主題的作品乃成為五〇年代文壇的主流。

　　1953 年，周夢蝶在 5 月 20 日的《青年戰士報》表了他的第一首新詩〈皈依〉，正式踏入詩壇，並陸續在各種報刊與雜誌，尤其是《青年戰士報》與《藍星周刊》上發表新詩。五〇年代的中期之後，台灣的「新詩」壇興起了一股努力掙脫配合文宣政策的詩潮；其中，率先鼓吹者為創立「現代詩社」的紀弦（1913-）。紀氏主張「現代詩」的創作應該採取「橫的移植，而非縱的繼承」，亦即必須完全接受「西方現代主義」的「主知」觀念，同時斷絕「現代詩」與中國詩歌傳統的任何關係。由於這一主張雖有符合世界潮流的「現代」之名，卻因完全棄絕自己的文化傳統而引起極大的爭議，於是乃爆發了一場「現代詩」到底應該全盤接受西化或仍可保有若干詩歌傳統的激烈論辯。[16]周夢蝶在 1954 年 3 月參與了由覃子豪（1912-1963）、余光中（1928-）等為代表，主張新詩不可以完全西化，而是在接受現代化的過程中，兼採中國詩歌「傳統」與「抒情」風格的「藍星詩社」之創立。[17]這一詩社對周夢蝶的新詩創作顯然有頗為深遠的影響，因他後來在回顧這一段經歷時曾說過以下一段話：[18]

　　　　我早期的現代詩習作受余光中先生的影響相當大。他每每能指出我詩中的缺點，因他對中英文學理論懂得最多，兼又吐屬優雅，有時一言數語，都能令人疑霧

---

16 請參拙著《二十世紀台灣新詩史》，台北：五南出版圖書公司，2006。頁 142。
17 同上註，頁 180，以及頁 185-188。
18 請參應鳳凰〈「書人」周夢蝶的秘笈〉，收於曾進豐編《婆娑詩人周夢蝶》。台北：九歌出版社，2005，頁 290。

　　頓開，終身受用不盡。

　　1956 年，周夢蝶因身體屢弱多病而退伍，結束了他在台灣的八年軍旅生活。在長期找不到專職工作下，他自 1959 年起，白天在台北市武昌街「明星咖啡屋」的騎樓擺設舊書攤，藉著販賣新文學與哲學的刊物與圖書來維持生活，晚上則借宿在「達鴻茶莊」中。同年四月，他將自己在 1953 年到 1959 年之間所創作的 47 首新詩集結起來，出版了他的第一本詩集《孤獨國》；這本詩集的名稱，幾乎如實的反映了周夢蝶那段時間裡的心境與生活。[19]

　　若以《孤獨國》詩集的出版時間為周夢蝶詩風的第一階段，則出現在詩集扉頁上，周夢蝶所引用的奈都夫人的「以詩的悲哀，征服生命的悲哀」兩句話，應該可視為他當時對詩的基本看法。這兩句話指出，詩歌中含有一種與人的悲哀相同的性質，故而詩人可以將他心中的悲哀感融入詩歌的這種性質之內，藉著寫詩來抒發心中的這種情感，克服這種壓力。我們可以舉這本詩集中題為〈讓〉詩的第二節來稍加申論。此一節文字如下：[20]

　　　讓風雪歸我，孤寂歸我，
　　　如果我必須冥滅，或發光——
　　　我寧願為聖壇一蕊燭火，
　　　或遙夜盈盈一閃星淚，

---

19 由台北：藍星詩社出版，1959 年。
20 周夢蝶《周夢蝶詩文集》，台北：印刻文學生活雜誌。2009，頁 27。

　　燃燒自己，照亮別人。

　　學者吳達芸在分析周夢蝶的《孤獨國》時，曾經敏銳地指出：這本詩集的思想脈絡可區分為兩個系脈，一個系脈是書寫詩人的孤獨與寂寞，可說是屬於「與世分隔」的部分；另一個系脈則是對責任與愛的強調，是屬於「與人世相貼近」而不能夠分離的部分。[21]若以吳氏此一論點為據來理解上面所引的周夢蝶的詩，則第二行的「冥滅」顯然是屬於前一系脈，而「發光」則屬於後一系脈。

　　不過，如果以這本詩集名稱中的「孤獨」來相互參照的話，則出現於第一行的「孤寂」兩字，應該才是這首詩的重點所在。因為，在寫作技巧上，首先是詩人在這一詩行中安排了兩個「我」字；其目的非常明顯，就是要以重複出現的方式來凸顯「詩人自己」的重要地位。其次是以「我」為焦點，用一外一內的兩個方向來逼擠出「我」的特殊情況：一是「我」的外在環境，四周都被「風雪」所包圍；二是「我」的內心世界，滿含著「孤寂」兩字。在這種內「情」與外「境」的交相逼迫之下，「我」的心境如何，已在這一佈滿「張力」（tension）[22]的寫作技巧中清楚地呈現出來了。

　　所謂「張力」，就是指「詩的語文」同時具有「隱藏的內涵」（intension）與「外延的意思」（extension）。所謂

21　請見吳氏的〈評析周夢蝶的「孤獨國」〉，《現代文學》，第 39 期，1969.12，頁 30。

22　「張力」的英文字，便是由 intension 與 extension 這兩個字分別去掉表示「內在」的 in 與表示「外在」的 ex，而保留了共有的部分 tension 而成。

「隱藏的內涵」，乃因「詩」在表達媒介上刻意捨棄了含意直接而明白的「語文」，而採取了具有暗示性、富有情感色彩的「語文」，因而創造出豐富的隱藏性意涵。至於「外延的意思」，則是指詩中詞語的意思即其字面上或辭典上所說明的意思。「詩」便是在其「語文」中的這兩種意涵互相作用下，乃造成巨大的震撼力。

事實上，如果以作品的內容與題材來論，《孤獨國》這本詩集裡的大多數作品，例如：〈索〉、〈禱〉、〈雲〉、〈霧〉、〈有贈〉、〈現在〉、〈寂寞〉、〈烏鴉〉、…等，都是以詩人為中心而抒寫出來的，所以不但「我」這個字在詩集裡單獨出現的地方很多，自「我」字延伸出來的「我夢」、「我看」、「我想」、「我在」、「我的」、…等詞語更多。這一情況所透露的訊息，應是詩人「我」與外界的互動很少，而且生活孤單而困苦，感覺寂寞而悲傷。至於在作品的題材上，這本詩集裡的多數作品顯然是以詩人的內心世界為基，然後以強烈的主觀將外在的人、事、景、物等都敷染上一層詩人的主觀色彩。因此之故，這本詩集乃具有想像力豐富、情感真摯而強烈等優點；但相反的，也出現了作品的題材篇偏枯、格局狹小的缺點。

總之，將《孤獨國》詩集扉頁上所引的奈都夫人的「以詩的悲哀，征服生命的悲哀」兩句話，視為周夢蝶此一時期對詩的看法與態度，應該是合乎邏輯的推論。至於他在此一時期的詩風是如何形成的，我們可用〈孤獨國〉一詩[23]為例

---

23 《藍星週刊》，204 期，1958 年 7 月，頁 25。

來分析。這首詩的本文如下：

　　昨夜，我又夢見我
　　赤裸裸的趺坐在負雪的山峰上。

　　這裡的氣候黏在冬天與春天的接口處
　　（這裡的雪是溫柔如天鵝絨的）
　　這裡沒有嘲騷的市聲
　　只有時間嚼著時間的反芻的微響
　　這裡沒有眼鏡蛇、貓頭鷹與人面獸
　　只有曼陀羅花、橄欖樹和玉蝴蝶
　　這裡沒有文字、經緯、千手千眼佛
　　觸處是一團渾渾莽莽沉默的吞吐的力
　　這裡白晝幽闇窈窕如夜
　　夜比白晝更綺麗、豐實、光燦
　　而這裡的寒冷如酒，封藏著詩和美
　　甚至虛空也懂手彈，邀來滿天忘言的繁星……

　　過去佇足不去，未來不來
　　我是「現在」的臣僕，也是帝皇。

　　這首詩發表於 1958 年，也就是詩人 38 歲時。以它的詩題被詩人選作詩集的名稱來推測，它的分量應該足以被視為此一詩集的代表作，或甚至可視為周夢蝶在此一時期裡的主要心境。

　　首先來看這首詩的「題材與內容」，詩的第一行直接說明了「昨夜，我又夢見我」，可見本詩所寫的乃是「我」（詩人）的「夢境」。「我」在此「作夢」，同時「我也在夢境裡面」，而且正盤坐夢境中的高處，下望此境裡的各種景況：寧謐而不吵雜，時間已然停步。不僅沒有讓人恐懼或厭惡的動物，而且到處是讓人賞心悅目的景物。此外，白晝有黑夜的沉靜，黑夜比白晝還豐實和綺麗；而在滿佈燦爛星星的天空下，寒冷也讓人覺得如酒般溫暖、美好。望著此一景況，「我」頓時覺得：在這一「現在」的境界裡，自己雖然是個低微的奴僕，但也可以是總管一切的帝皇。像這樣的一個寧靜、燦爛，而且所有的景物都美好的境地，豈非就是「理想國」？然而，在這麼美好的夢境裡，屬於「人」的竟然只有「我」一個！如此，這個「理想國」又怎能不稱為「我」的「孤獨國」呢？

　　其次是這首詩的「結構」。這首詩由三個段落所組成，第一段與第三段都只有兩行，中間的第二段則有十二行之多。若以「文章」的結構來比擬，第一段只以兩行文字來說明「我」和此一「夢境」的關係，其地位實相當於「文章主體」之前的「序」；而第三段也以兩行文字來說明「我」在看到眼前的一切之後所得的感悟，其地位也與文章主體之後的「跋」相似。中間的第二段因是屬於詩的「主體」，所以使用了比前、後兩段多達六倍的篇幅來詳細描寫此一夢境的景況，如此的設計，作品的主、從部分立刻顯現出來。因此，這首詩的結構實具有平穩妥貼的優點。

　　至於在「修辭」上，本詩有三項非常鮮明的特色：一是

詞語的重複出現，例如「我又夢見我」的「我」，「赤裸裸」的「裸」，「只有時間嚙著時間的反芻的微響」的「時間」以及「觸處是一團渾渾莽莽沉默的吞吐的力」的「渾渾」與「莽莽」等，都藉著重複出現的手法而在其聲音與意涵上造成讓人印象深刻的效果。二是多數的詞語含意清楚，並不艱澀。其三是使用「曼陀羅花」與「千手千眼佛」等佛教用詞，造成前面所提的「張力」效果，也就是使一個簡單的詞語擁有豐富的「內在意涵」，例如「曼陀羅花」一詞，就含有：佛說法時，天降此花如雨，以供養眾人的意思；而「千手千眼佛」一詞，也含有能創造一切，明照四方，解救眾生脫離苦海的意思。在這種詞語的使用下，不但使本詩擁有比文字層面更為豐富的意涵，也使詩人周夢蝶塗上一層佛家的色彩。

　　此外，本詩的「句法」也含有周夢蝶詩中經常出現的「對照」技巧，而表現在兩方面。其一是在同一詩行裡，如在「我又夢見我」中，使「現實世界中的我」與「夢中的我」對立起來。又如在「只有時間嚙著時間的反芻的微響」中，前、後兩個「時間」也是互相對立的。這種對照的設計，一方面可藉對方來凸顯自己的立場，二方面更營造出一種由彼此矛盾的兩者所形塑出的蓄滿「張力」的整體氣氛，因而加強了詩作的撼人力道。其二是設計出前、後兩行對立的態勢，如「這裡沒有騷騷的市聲／只有時間嚙著時間的反芻的微響」、「這裡沒有眼鏡蛇、貓頭鷹與人面獸／只有曼陀羅花、橄欖樹和玉蝴蝶」等，都是以「只有…」的詩行與「沒有…」的詩行組成一正一反的聯句，用「唯一」和「空無」來形成一個由兩極的對峙而產生的衝突氛圍，使詩的震懾力道剎時之間

大增。

總的來說，這是一首以「我」為描寫中心，藉著主、從分明的結構、重複出現的修辭，以及佛家典故所造成的張力，將周夢蝶當時的孤獨感完整而有力的展現出來的詩作。

（二）《還魂草》時期（1960-1965）

《孤獨國》出版後，因詩集的內容與詩風不僅與周夢蝶的悲苦心情與寂寥生活相互映襯，更與他經常孤坐於書攤旁閉目冥想的神態相仿，因而使他的書攤常有愛詩者與好奇者駐足。由於周氏對於問者所提的與詩有關的問題都樂於回應，「明星咖啡屋」也就常出現沙龍般的論詩景況；周夢蝶孤寂的心似乎因此而逐漸活絡了起來。

此外，周夢蝶在 1963 年於台北的善導寺聽完印順法師（1906-2005）講完《金剛經》後，因深受感動而歸入法師門下，並取「普化」為法名。他在這個時候曾說過以下一段話：[24]

> 我一直以為人死了才稱涅槃。原來，活著的時候，透過種種修學，對治習氣能先伏後斷，使後法不生，善法不滅，這不生不滅，就是涅槃。

這些話清楚地顯示出，這次的學佛經驗不僅使周夢蝶對自己長年的孤苦生活有了嶄新的認識，而且對於人的生與死，也獲得了突破性的了悟。

---

24 引自潘煊《看見佛陀在人間－印順法師傳》。台北：法界，2004。頁 177。

　　1965 年，周夢蝶將 75 首創作於 1960 年到 1965 年間的詩集結起來，出版第二本詩集《還魂草》。[25]由於內容與技巧的完美結合，使此一詩集贏得了甚高的評價。它由以下四個部分組合而成：

　　一是「山中拾掇」輯，計有八首詩。它們的題材與內容大致與《孤獨國》類似，多偏重在詩人內心的挖掘與抒發。不過，其詩風已逐漸有了改變，因有若干作品已從環繞著詩人的孤寂生活、沉溺在詩人的傷感心情中掙脫，逐漸走向現實世界，去感受人間冷暖的明朗風格。

　　二是「紅與黑」輯，含有十三首詩。它們分別以一年裡的十二個月為詩題，藉著描寫每個月份的景致變化，將人的情慾流動融入其中，並引入道家哲思與佛教禪理，形成一套內容豐富的情景交融畫面。

　　三是「七指」輯，包括七首詩。它們以人的五根手指，加上駢指與「神識」來作為詩的題目，然後藉著闡釋它們的名稱之涵義時，運用道家思想與佛家教義來申論人性的內涵與特質，並點出人在對面其一生中的正常發展與意外遭遇時宜有的恰當心態。

　　四是「焚麝」輯，共有十九首詩。此輯的內容比較複雜，但仍可理出一條軸線，就是詩人想要讓自己漂浮的心情歸於平靜的歷程。

　　據此，這本詩集除了仍含有不少表露詩人內心孤寂的作

25　初版由台北：文星書店出版，1965。

品之外，也包括了若干將詩人的情意融入外在的景物，以及探索道學與佛理的作品。特別是在詩的風格上，除了仍保有前一本詩集《孤獨國》的苦澀與枯淡之風外，也增加了明朗和輕快的詩風。這些情況，似乎正反映著周氏在這段時間裡的心境上已產生了一些變化。我們可自他在此期的作品中，分別選擇具有佛道哲理與富有人間情味者各一首來析論：

1.「七指」輯中的〈菩提樹下〉[26]

誰是心裏藏著鏡子的人呢？

誰肯赤著腳踏過他底一生呢？

所有的眼都給眼蒙住了

誰能於雪中取火，且鑄火為雪？

在菩提樹下。一個只有半個面孔的人

抬眼向天，以嘆息回答

那欲自高處沉沉俯向他的蔚藍

是的，這兒已經有人坐過！

草色凝碧。縱使在冬季

縱使結跏者底跫音已遠逝

你依然有枕著萬籟

與風月底背面相對密談的欣喜

坐斷幾個春天？

26　《周夢蝶詩文集》，台北：印刻文學生活雜誌出版公司。頁 147-148。

又坐熟多少夏日？
當你來時，雪是雪，你是你
一宿之後，雪既非雪，你亦非你
直到零下十年的今夜
當第一顆流星驕然重明

你乃驚見：
雪還是雪，你還是你
雖然結跏者底跫音已遠逝
唯草色凝碧。

　　　　　　作者謹案：佛於菩提樹下，夜觀流星，成無上正覺。

　　《還魂草》詩集裡的「七指」一輯會散發出濃濃的禪味，即是因為有不少詩作中融入了周夢蝶所理解的佛經教義。這一首寫於 1961 年的〈菩提樹下〉即是此類作品。從這首詩的題目「菩提樹下」與詩後的案語「佛於菩提樹下，夜觀流星，成無上正覺」來看，它們都是指釋迦摩尼佛為王子時，為了求道而逃離王宮，到處苦行，但卻一直無法如願；於是他乃到一棵菩提樹下盤坐苦思，誓言不達覺悟，絕不起身。後來，在某一破曉時分，他忽然看見一顆流星劃過天際，心靈頓時開悟而成就了至高無上的「正覺」之事。[27]另外，「心裏藏著鏡子的人」也是化用佛典《六祖壇經》中的「身是菩提樹，心如明鏡臺。」之句，而「結跏者」也是佛家修行者盤坐的

27　請參明朝瞿汝稷編的佛教典籍《指月錄》，卷一。台北：老古，1985。
　　頁 5。

用語。又如本詩第一段的「在菩提樹下。一個只有半個面孔的人/抬眼向天，以嘆息回答」兩行，以及詩後詩人自己的案語「佛於菩提樹下，夜觀流星」等，都可呈現出周夢蝶此時的詩觀：透過詩類的體裁來描寫人們手中的「大指」，並隱喻佛家的觀點。[28]

在「題材」上，這首詩所描述的是一個人如何證道成佛的過程，因此充滿佛教的色彩。至於其內容，本詩一開始即提出一連串的問題：有誰的心中仍有明鏡台？有誰能夠赤腳托缽過其一生？…然後描寫出一個畫面：對於這些情況，盤坐在菩提樹下的人只能抬頭，以嘆息來回答上天。接著詩人強調，就在同樣的地方，過去的人雖已遠逝，但「你」仍欣喜地在此做同樣的事情，而且從春到夏，不知過了多少時日。一直到看見第一顆流星劃過天空，「你」才赫然發現：以前的人雖然已經遠逝，但最根本的答案是：萬物都只能歸向其自我。換言之，這首詩的主題應該是詩中的「當你來時，雪是雪，你是你」、「一宿之後，雪既非雪，你亦非你」與「你乃驚見：雪還是雪，你還是你」等三個體悟（或「修行」）的次序非常嚴密的階段與其結果。然後得出：人不應該再像詩中的「你」那般「堅持己見」，應該了解到萬物都須順服其自然本質與本性的道理。

這樣的道理，若置之古今中外的宗教與哲學論述中，其

---

28 胡月花的解釋為，「大指」又稱「巨擘」，與佛祖釋迦降世時，一手指天，一手指地，並作獅子吼：「上天下地，唯我獨尊」的形象相合。請見她的〈市井大隱、簷下詩僧 —— 周夢蝶的生命、思維以及創作歷程探討〉，《育達學報》，第十六期，2002年，頁86。

實並沒有特別深刻之處。但不同的是，它乃是一首在結構與修辭上都可以呈現周夢蝶詩風的「詩」！從「結構」上而言，其特色有二：其一是詩中的四段文字係以事件的先後為序，所以具有讓人讀來易懂的優點。其二是以疑問句起頭，提出一連串與探索人生真諦有關的問題做為背景；接著，安排一個全心探求真理的「你」為主角，描述他在長時間裡堅持不變的探索動作；最後在流星閃沒的啟發下，終於悟得真理。這裡的「你」，當然可以從傳道者的角度來解釋成受教大眾。然而，它是否也可加以引申，被解釋為就是詩人自己呢？而這樣的解釋，似乎更能符合詩人周夢蝶當時「探索真理」的心境與動作。

　　至於在「語法與修辭」上，本詩也有兩項特色。一是句子和句型的不斷「重複」，如第一段的三個由「誰」字起頭的問句句型，以及第二與第四段的「結跏者底跫音已遠逝」，和「雪是雪，你是你」、「雪既非雪，你亦非你」與「雪還是雪，你還是你」等都是。二是詞語的重複，如「草色凝碧」、「縱使」等。這些詞語與句型的「重複出現」，不僅可使這首詩的結構濃稠緊密，也可讓讀者感到印象深刻，更值得注意的是，它們已成為周夢蝶的詩在語法與修辭上恆常使用的模型。

2.「焚麝十九首」輯中的〈還魂草〉[29]

　　「凡踏著我腳印來的

29　《周夢蝶詩文集》，台北：印刻文學生活雜誌出版公司，頁 171-173。

　　我便以我，和我的腳印，與他！」
　　你說。

　　這是一首古老的，雪寫的故事
　　寫在你底腳下
　　而又亮在你眼裏心裏的；
　　你說。雖然那時你還很小
　　（還不到春天一半裙幅大）
　　你已倦於以夢幻釀蜜
　　倦於在鬢髮襟邊簪帶憂愁了

　　穿過我與非我
　　穿過十二月與十二月
　　在八千八百八十之上
　　你向絕處斟酌自己
　　斟酌和你一般浩瀚的翠色。

　　南極與北極底距離短了，
　　有笑聲曄曄然
　　從積雪深深的覆蓋下竄起，
　　面對第一線金陽
　　面對枯葉般匍匐在你腳下的死亡與死亡
　　在八千八百八十之上
　　你以青眼向塵凡宣示：
　　「凡踏著我腳印來的

　　我便以我，和我的腳印，與他！」

　　註：傳世界最高山聖母峰頂有還魂草一株，經冬不凋，取其葉浸酒
　　　　飲之，可卻百病，駐顏色。
　　　　案聖母峰高海拔八千八百八十二公尺。

　　這首〈還魂草〉發表於 1961 年。從其詩題既然被選為詩集的名稱來判斷，它若非對詩人具有特殊的意義，便含有足以代表整部詩集的深意。然而，它的內容和主題卻常被稱為「晦澀難懂」，[30]以至於在有人將它解釋成「喻指追尋生命本真的心願」[31]的同時，也有人將其理解為「是一首情詩，（但）不是一首成功的情詩。……不過是男性主義自我中心的私慾發洩，偏又作道貌岸然狀。」[32]筆者不願在此斷定那一種解釋才是這首詩的確切內容，是因為了解到「詩無達詁」的道理，因詩的價值本來就不應該在它說了甚麼？而是在它是否引發人們的感動或啟示，所以這些不同的解釋應該都可以有存在的理由。

　　筆者認為，本詩的「內容」應可理解為：即使年齡幼小，「你」卻說已經倦於和夢幻、憂愁為伍，所以正在實踐心中已知的一首由雪寫的故事。由於這個故事的結論是：「凡踏著我腳印來的/我便以我，和我的腳印，與他！」為了達成這

---

30 請見楊風〈晦澀詩的實質美與形式美 ── 以周夢蝶、旅人和林亨泰為中心〉，《台灣現代詩》，第 14 期，2008 年 6 月，頁 50。

31 請參黃粱〈詩中的「還魂」之思 ── 周夢蝶作品二闋試析〉，《台灣現代詩學季刊》，第 15 期，1999 年 6 月，頁 17。

32 請參郭楓〈禪裡禪外失魂還魂的周夢蝶 ── 解析《還魂草》並談說周夢蝶詩技〉，《鹽分地帶文學》，第四期，2006.06，頁 177。

個目標，「你」已努力跨越「我」所設立的考驗：了解「自己」與「非自己」並無不同，突破「時間」與「空間」的限制而登上了世界的最高處，然後去理解「自己」與「大自然」的關係。終於，空間的距離縮短了，積雪之下竄起了一陣笑聲，「你」在這裡面對第一道曙光時，死亡已經匍匐於「你」腳下，而「你」自己也擁有了資格，去向凡塵解說這個由雪所寫的故事之結論了。

這樣的解釋，因不執著於具體的內容一定非是甚麼不可，而把焦點放在「考驗的過程」上，所以能擁有較為開闊的解釋空間；而不論追求的是人生的真理，或者是愛情，其實都可以被容納進來。事實上，周夢蝶的詩之所以會常被評為「晦澀難懂」，他這種抽象而缺少定指的表達方式，正是重要的原因之一。

除此之外，這首詩在「結構與修辭」上也具有周夢蝶詩作的普遍特色，即：大量的「重複」出現。譬如在「結構」上，詩的「起頭兩行」與最後的「結尾兩行」即重複出現，也因此使整首詩含有首尾一致的緊密結構。在「詞語」上，則以「你說」、「你（的）腳下」、「倦於」、「十二月」、「斟酌」、「穿過」、「八千八百八十之上」等詞語的重複出現，來強化讀者的印象。

上引的兩首詩都是周夢蝶寫於 1961 年的作品。雖然它們都寓含佛家的修行與開悟的意涵，但後者所觀照的對象應該與前者的純然圈定在「自己」身上不同，因它的涵蓋範圍已經延伸到「他人」，也因此而含有人間的情味了。

（三）1966 之後

《還魂草》出版之後，周夢蝶探究佛學奧義的行為越來越積極，譬如在 1966 年，他曾向禪學家南懷瑾（1918-2012）學習佛法與打坐；又自 1968 年起，他多次去聆聽道源法師（1900-1988）講解《金剛經》。這一情況，一方面使他的新詩創作量大減，但同時也使佛學與禪理融入他的許多詩中。[33]不過，周夢蝶的實際生活方式並沒甚麼改變，經濟情況也未曾改善。1980 年，他因身體屢弱生病而住院開刀，並結束了舊書攤的工作。然而，他在這二十年中靜坐於書攤旁閉目沉思，或安靜看書，以及使該地出現論詩沙龍的景象，卻已名聞詩壇了。

1997 年，周夢蝶獲得「國家文藝獎」；2000 年，爾雅出版社出版《周夢蝶世紀詩選》，選錄其《還魂草》詩集之後所寫的詩 47 首，並附有周夢蝶小傳、詩話，以及評論索引。但大致說來，一直到周夢蝶的第三本詩集出現之前，他在這段時間裡寫的比較多的是以書信為主的雜文，[34]而新詩創作的數量其實甚少。

到了 2002 年，周夢蝶終於一口氣出版了兩本由不同的出版社所刊行的詩集。其一是以他創作於六〇、七〇年代的新

---

33 周夢蝶自己曾說：「於現實世界中，內心異常孤寂，所以寫抒情詩來滋潤生活。再者，每天受感情的折磨，如果不讀佛經，怎麼辦？」請參《台灣詩學季刊》，第十期，1995 年 3 月，頁 17。

34 譬如他在 2009 年出版的《風耳樓墜簡》，即收錄他從 1970 年到 1996 年間所寫的尺牘一百五十多篇。台北：印刻文學生活雜誌。

詩為收集主體的《十三朵白菊花》，[35]計有 54 首；其二則是
《約會》，[36]以他在八〇年代之後所創作的新詩為收集主體，
共有 54 首詩。拿這兩本詩集與前兩本詩集相較，不論是內
容、題材與或主題都可看出明顯的差異，但它們卻含有一些
共同特色，例如：在題材上，對人物的描寫與景色的刻畫增
多，而使人間情味大量增加；在涵義上，含有較為曠達的人
生觀；在文辭上，詞句較前凝練且典故增加甚多。由於這兩
本詩集並非依照寫作的年代先後來收集作品，所以底下便以個
別作品的創作時間為主，自其中挑選出七〇、八〇、九〇年代
的詩作各一首，來析論周夢蝶在各時期的主要詩風是甚麼。

1.1970 年代－以〈十三朵白菊花〉[37]為例

　　小序：六十六年九月十三日。余自善導寺購菩提子念珠歸，見書攤
右側藤椅上，有白菊花一大把，清氣逼撲人，香光射眼，不識為誰氏所
遺，遽攜往小閣樓上，以瓶水貯之；越三日乃謝。六十七年一月廿三日
追記。

　　　　　從未如此忽忽若有所失又若有所得過
　　　　　在猝不及防的朝陽下
　　　　　在車聲與人影中
　　　　　一念成白！我震慄於十三
　　　　　這數字。無言哀於有言的輓辭

---

35 由台北的洪範書店出版。
36 由台北的九歌出版社出版。
37 周夢蝶《十三朵白菊花》，台北：洪範，2002，頁 48-51。

頓覺一陣陣蕭蕭的訣別意味
白楊似的襲上心來；
頓覺這石柱子是塚，
這書架子，殘破而斑駁的
便是倚在這塚前的荒碑了！

是否我的遺骸已消散為
塚中的沙石？而游魂
自數萬里外，如風之馳電之閃
飄然而來 ── 低回且尋思：
花為誰設？這心香
欲晞未晞的宿淚
是掬自何方，默默不欲人知的遠客？

想不可不可說劫以前以前
或佛，或江湖或文字或骨肉
雲深霧深：這人！定必與我有某種
近過遠過翱翔過而終歸於參差的因緣 ──
因緣是割不斷的！
只一次，便生生世世了。

感愛大化有情
感愛水土之母與風日之父
感愛你！當草凍霜枯之際

不為多人也不為一人開
菊花啊！複瓣，多種，而永不睡眠的
秋之眼：在逝者的心上照著，一叢叢
寒冷的小火焰。……

淵明詩中無蝶字；
而我乃獨與菊花有緣？
淒迷搖曳中。驀然，我驚見自己：
飲亦醉不飲亦醉的自己
沒有重量不佔面積的自己
猛笑著。在欲晞未晞，垂垂的淚香裏。

　　這一首創作於 1978 年的詩，在「內容」上，第一段是寫詩人無意間發現自己的書攤旁有一束被人遺忘的白色菊花，總計有十三朵；因其顏色的「白」與數字的「十三」而引起詩人的震撼，並使詩人聯想成它們好像是一篇內含哀痛的無言輓辭。

　　第二段則延續前段的意思，以「十三」和不吉祥的關係，以及「白」和離別與死亡的關係為基，寫詩人把該十三朵白菊花帶回家，放在水瓶後，他的眼前突然幻化出如此的景象：石柱子變成白色的墳塚，而其前那殘破而斑駁的書架，則成了矗立於墳塚之前的墓碑。

　　第三段的意思也承襲前段，寫詩人進一步產生一連串的聯想：自己的遺骸是否已化成這墳塚裡的沙石？只是游魂卻像風與電般從萬里之外飛來，讓我尋思這菊花、其香氣，以

及其上的宿淚，到底是哪個遠客送來的呢？

　　第四段抒寫詩人的領會：不管這位送花者（他、祂、它或她）是多久以前的佛、江湖、文字或骨肉，他（或祂、它、她）必定曾與我有過因緣吧！

　　第五段則描寫因詩人有這種體會，所以乃心生感謝，並出現要愛一切的心：要愛大化、愛水土之母、愛風日之父，尤其是愛「你」—— 菊花，因你是永遠照亮著已逝者心中的小火焰。

　　最後的第六段則寫出詩人自己的聯想：以「採菊東籬下，悠然見南山」等詩句聞名詩史的隱逸之宗陶淵明（約365-427），其詩中雖然沒有「蝶」字（即指本詩作者周夢蝶），但自己卻因這「菊花」而與他發生了因緣，並使自己和他一樣，不論有沒有喝酒，都常與「醉」相伴，與「笑」為伍。

　　這樣的內容，一方面呈現出本詩具有層層遞進，并然有序的緊密「結構」，同時也顯示了本詩係以「外物」為起點，來引發一連串的聯想：從死亡聯想到游魂，再到菊花，進而再聯想到他人，接著聯想到博愛，再到愛菊花，進而聯想到古時候熱愛菊花與酒的詩人陶淵明，最後聯想到已經醉了的自己。據此，本詩當然是一首聯想奔放而有序的作品。

　　如果將本詩被放到周夢蝶的詩作歷程上時，會有一項讓人矚目的特色立刻凸顯出來，那就是其「題材」的特殊，即以「白菊花」這個原來與周夢蝶並無關係的「外物」為吟詠重心。而且，若再以詩前的「小序」為參考資料來理解，則這首詩應可確定為周夢蝶「因睹物而抒懷」的作品，所以它實可視為周夢蝶已突破其向來以「自己」為描寫中心的象徵了。

　　本詩的另一特色為「語調」與「用典」。在語調上，它已呈現一種從哀傷轉成開朗的趨勢，而與周夢蝶過去常陷溺於孤寂與悲情的詩歌氛圍有頗大的差別。更特別的是詩人透過「用典」為手法，在詩中將自己聯想成與晉朝大詩人陶淵明屬於同一類人。如此的做法，當然含有詩人已認同陶淵明安貧樂道的生活與曠達灑脫的人生觀，或甚至隱含周夢蝶此一時期已具備陶潛「以詩酒自娛」的詩觀了。

　　至於在語文的「修辭」上，這首詩仍沿襲其重疊複沓的詞語與句型的手法，如：「忽忽」、「陣陣」、「蕭蕭」，「叢叢」、「生生世世」、「不可」、「以前」、「感愛」、「欲晞未晞」、「若有所失又若有所得」、「飲亦醉不飲亦醉」、「無言哀於有言」、「沒有重量不佔面積」、「近過遠過翱翔過」、「或…」、「水土之母與風日之父」等等，所以在修辭手法上，周夢蝶在此期並沒有太大的改變。

2.1980年代 —— 以〈失乳記－觀音山即事二短句〉[38]為例

之一
住外雙溪時
望裡的觀音山永遠隱在雲裡霧裡
然而，瓔珞嚴身
梵音清遠可聞

---

38 周夢蝶《約會》，台北：九歌，2002，頁 155-157。

如履之忘足，魚之忘水
而今，去我不及一寸的大士
欸！卻絕少絕少絕少照見
—— 眼不見眼

　　之二
從來沒有呼喚過觀音山
觀音山卻慈母似的
一聲比一聲殷切而深長的
在呼喚我了

然而，我看不見她的臉
我只隱隱約約覺得
她是弓著腰，掩著淚
背對著走向我的

　　自 1983 起，周夢蝶居住於士林的外雙溪三年。到了 1987
年，他先移居永和，旋遷新店，再搬到淡水定居；直到 1998
年，他才遷居新店的五峰山下。換言之，周夢蝶在淡水共待
了十一年之久。本詩寫於 1989 年，也就是詩人居住在淡水之
時。這首詩雖包括「之一」與「之二」兩部分，但在「內容」
上，它們所描寫的對象卻相同，都是躺臥於淡水出海口岸邊
的觀音山。其中的「之二」寫的是詩人當下對觀音山的感覺，
而「之一」則是詩人發現自己當下對觀音山的感覺已經與過
去的感受不同，而將過去那種感覺也寫下來。

在「之一」的兩段裡，詩人先以第一段回想自己過去住在外雙溪時，雖然看不清楚遠方那座籠罩於雲霧之中的觀音山，但仍能聽到觀音大士遠從觀音山傳送過來的讓人心境平和的梵音。到了第二段，詩人把時間移轉到當下，寫自己目前已經住在淡水，距離觀音山只有一水之隔，所以和觀音山的關係應該像是鞋子和腳，或魚和水一般密切，但在實際上，卻是自己幾乎沒有和它（祂）兩眼相看過！

「之二」也有兩段，第一段寫詩人和觀音山的動作：儘管自己從來都沒有呼喚過觀音山，但觀音山對待自己的方式，卻是像慈母對待孩子一般，呼喚我的聲音一聲比一聲更親切，更關心。第二段則寫自己面對距離如此近的觀音山時，雖想努力看清楚如慈母般的它，卻一直無法看清楚它那慈母般的臉。不過，詩人仍可在隱約間感覺到她像慈母般彎著腰，掩著淚，朝自己走過來的樣子。

綜觀而言，本詩仍擁有周夢蝶的詩中所慣有的許多特色，包括匠心獨具、組織非常縝密的「結構」，平淺易懂而率然真切的文詞，以及在「修辭和句型」上的重複出現，如：「雲裡」與「霧裡」、「履之忘足」與「魚之忘水」、「弓著腰」與「掩著淚」，以及「絕少絕少絕少照見」、「一聲比一聲」、「隱隱約約」等等，來達到加強語氣和引起注意的效果。

不過，本詩最值得人注意的乃是其「題材」和「語調」，因若將本詩放入周夢蝶的詩歌創作史中，它的題材和前舉例子〈十三朵白菊花〉相同，是屬於藉著描寫「外物」－觀音山，來抒發「自己」內心感受，所以應屬於「詠物詩」，而

和周夢蝶早期以「抒發自己內心鬱情」為主的詩風頗有差別。至於其語調，也已擺脫周夢蝶早期的悲苦詩調，而變成充滿人間思念與盼望的深情。

3.1990 年代 —— 以〈斷魂記 —— 五月十八日桃園大溪竹篙厝訪友不遇〉[39]為例

　　魂，斷就斷吧！

　　一路行來
　　七十九歲的我頂著
　　七十九歲的風雨
　　在歧路。歧路的盡處
　　又出現了歧路

　　請問老丈：桃花幾時開？
　　風雨有眼無眼？
　　今夜大溪弄波有幾隻鴨子？

　　小師父，算是你吉人遇上吉人了！
　　風是你自己颳起來的。
　　魂為誰斷？不信歧路盡處
　　就在石橋與竹籬笆

---

39 同上註，頁 157-159。

與三棵木瓜樹的那邊，早有
淒迷搖曳，拳拳如舊相識
擎著小宮燈的螢火蟲
在等你。災星即福星
隔世的另一個你

久矣不識荒驛的月色與拂曉的雞啼
想及災星即福星，想及
那多情的風雨，歧路與老丈——
魂為誰斷？當我推枕而起
厝外的新竹已一夜而鬱鬱為笙為竽為筑
為篙，而在兩岸桃花與綠波間
一出手，已撐得像三月那樣遠

　　八十八年八月四日敲定，距於竹篙厝枕上初得句，已地輪自轉六十六度矣。慘笑。

　　這首寫於 1999 年的詩應可視為周夢蝶晚期的代表作之一。它的特色不少，首先是其主題雖然仍與周夢蝶過去以自身的感受為描寫中心的情形相同，但在題材上則已明顯有異，因它不僅掙脫了詩人「自己」的束縛，而與外在之「物」連結起來，而且更走入「人群」，去拜訪居住於外地的朋友。

　　其次是本詩在運用「文字之義」呈現作品內容的同時，也在這些文字之內蓄滿「言外之意」，也就是利用「張力」的技巧使詩的語文充滿豐富的意蘊。底下，便以這樣的角度

來詮釋本詩的風格：

　　本詩的第一段雖然只有一行，但卻可說是本首詩的結論：魂斷了！然而，斷就斷吧，有甚麼大不了的呢？而這樣的寫法，其實已暗示了本詩的「主題」。

　　至於第二段的意思，若以詩的題目為依據來推測，應該是對詩人頂著風雨去桃園縣的大溪拜訪朋友這一情況的描述。但因「七十九歲」與「歧路」兩詞的重複出現，而營造出深刻且豐富的意涵。首先是既使用「七十九歲」來描述現實情況中的「風雨」，又用同樣的詞來涵蓋「我」一生的歲月，因而乃造成了當下的「我」所面臨的「真實風雨」，頓時化入「我」在七十九年的歲月中「一路行來」的所有路程裡面！其次是在這一段裡，因用了兩次「歧路」來形容這「七十九年歲月」的路途，所以也技巧地寓含了走在此一漫漫長路上的人，其內心所佈滿的其實是無可數盡的徬徨和痛苦！

　　第三段的意思須從第三行來理解起。它的主要內容是「我」在詢問一位老丈（老先生）這樣的問題：大溪這個地方的風雨如何？現在的溪上有幾隻戲水的鴨子？然而，令人好奇的是，為何第一行會向那位老先生詢問與當時毫無關係的桃花何時開的問題呢？為了解答這個問題，我們或許可從「言外之意」的層次來理解。由於第三行的「今夜大溪弄波有幾隻鴨子？」一句，很難不讓人聯想到宋朝大詩人蘇軾（1037-1101）的〈春江晚景〉詩中的名句：「竹外桃花三兩枝，春江水暖鴨先知。」因此，周夢蝶絕對有可能是想借用此一「典故」來表示：從桃園大溪的水上有沒有鴨子在戲水，應可推測春天是否已經來臨；而這，正呼應了前兩行所問的

問題：代表美好春天已來臨的桃花，到底何時才會開呢？同時，讓人生旅途上充滿艱困的風雨，是否沒有眼睛來分辨善惡，並協助真正需要幫助的人呢？

　　至於第四段，若從「結構和語氣」的角度來看，應該是老丈在回答問者於第二段中所提的問題。奇怪的是，這位老丈竟把已七十九歲的問者稱為「小師父」，說：「你」可真幸運，所以有機會遇到「我」這個能回答你的問題的「吉人」！進而也具體地回答了兩個重點，一是「風」其實是「你自己颳起來的」；二是凡是「歧路」，必都會有「盡頭」，而且也必有會發光的螢火蟲在盡頭等著你。然而，我們更可再次從「言外之意」的層次來推測：「風雨」與「歧路」應不只限於兩人詢答時的情景，而可引申到所有的人在其一生中的遭遇吧！換言之，這應是在闡明任何「人」在其生命旅途中，都不可能完全避免掉風雨的侵襲與面臨歧途時的徬徨；然而，千萬不可因此便失去信心，因為若能堅持下去，最後必可達成目標。

　　若以詩的題目與詩末所標示的日期來判斷，本詩乃是詩人在訪友之後三個月才寫成的。故而最後一段裡的「當我推枕而起」，其時間應是詩人在完成此詩的構思之後，發生於家裡的動作。因此，如果以此為基來解讀，則本詩的「主旨」顯然是在表現詩人自我反省的情形：「我」不是早已勘破「月夜與拂曉」的差異、「災星與福星」的不同？並了解「風雨和歧路」是人生旅途中必然的遭遇了嗎？為何三個月前的那次訪友，竟然會使自己在遭遇風雨和面臨歧路時產生魂斷的感覺？於是，乃趕緊下床，出去屋外，幸好發現自己對屋外

的竹子到底可製成那種物件與產生那些功能等,仍能擁有「不執著」的功夫。因我仍有能力了解竹子雖可製成各種樂器,但自己更可以將它做成自己想要的一支竹篙,用它來划動自己的船,自在的游蕩於美麗的兩岸桃花與綠波之間。換言之,詩人此時的心湖雖偶而會在遭受外在環境的影響而產生漣漪,但他已經擁有足夠的修養功夫,可以讓這一突然出現於心湖中的漣漪快速地平靜下來。

據上所述,本詩除了在「語文修辭」上仍沿襲周夢蝶過去詩作的寫法,亦即藉著相同的「詞語和句型的重複」多次,來達成使讀者印象深刻的效果之外,也呈現了周夢蝶晚期的典型「詩風」,藉著層次并然的「結構」、恰當而涵義深刻的「用典」、以及平實文字下所寓含的「言外之意」等,來呈現一種「淡遠」的詩風。

四、結　語

據上所論,周夢蝶可說是一位終身尋求如何使自己被孤苦感所圍困的內心能夠獲得突破的人,而他所找到的主要方法之一,就是創作詩。因此,他的詩與他的生命乃緊緊相連;詩,成了他的內心世界所顯現出來的外貌。由於他創作詩的歷程長達四十多年,所以隨著他的經歷不停的累積,他的「詩風」也於隱約之間出現了若干變化。但即使如此,若從「組成要素」來論,周夢蝶的「詩風」仍可整合出如下的描述:

在詩的「題材與內容」上,周夢蝶的的詩可說從專注於抒發「內心」的孤寂苦悶開始,然後隨著經驗的遞增,逐漸

延伸到對「身旁景物」的體悟，最後再擴大到「與自己親友」的溫馨互動與思念。換言之，隨著他日漸改變的心境，他的詩在內容上也由抒發內心的「悲苦」，轉成努力尋求心靈慰藉的「體悟」，再變為與外界可以淡然相處的「淡遠」。

其次，周夢蝶的詩篇幅都不長，但在整體詩篇的文字之下，卻都隱藏著經過細心設計的縝密「結構」。因此，他的詩在整體的表達方式上，或者是完全按照時間順序來鋪陳，或者是先明示結論再細說原委，都能讓人感到其內容與詩的題目性質或詩人的目的密切結合，而形成一個完整的結構體。

至於在「修辭」上，首先是個別詞組和句式的使用，而這方面以學者奚密的評語最為簡要。她說：「周夢蝶詩歌語言的一大特色是重疊複沓的大量使用。此技巧用在詞組和句式上，造成多樣的效果。…透過字的重複，詩人喧染出一種迴腸盪氣，悠悠不絕的氛圍。與此相輔相成的複沓…，它的背後不是正反合的辯證思維，反而隱射的是一份捨而不棄，九死無悔的執著。」[40]其次，則是在安排與規劃整首詩的用語和句型上，這方面顯然是以「二元對立」的設計，如「醜與美」、「老與少」、「悲與喜」、「冷與暖」等[41]為他最重要的修辭技巧。除此之外，為了能表達出更為深刻的意涵，各種典故與專門用語的使用，包括佛教與基督教、儒家與道家，以及中外文學掌故等，也是周夢蝶寫詩的主要修辭手法

---

40 奚密：〈修溫柔法的蝴蝶 —— 讀周夢蝶新詩集《約會》和《十三朵白菊花》〉，《藍星詩學》，16 期，2002 年 12 月，頁 137-138。

41 羅任玲：〈周夢蝶詩中的二元對立與和諧 —— 以《十三朵白菊花》、《約會》為例〉，《國文天地》，19 卷 2 期。民國 92 年，頁 17-29。

之一。

　　總之，周夢蝶的詩在其日漸豐富的人生經歷與感悟影響下，若兼容其「題材與內容」的逐漸變化與日趨老練與純熟的「寫作技巧」來看，似有一條由「悲苦」到「體悟」，再到「淡遠」的詩風貫串其間，雖如涓涓細流，沉靜而深刻，但卻真摯而感人。

　　（本文原在台灣大學台灣文學研究所主辦的「觀照與低迴：周夢蝶手稿、創作、宗教與藝術國際學術研討會」上宣讀，後收入同名的《論文集》，2014 年由台灣：學生書局出版）

談何金蘭教授的文學理論與批評

一、學者、教授、理論家、作家、批評家

何金蘭教授（1947-）本名何尹玲，生於越南美拖市，祖籍廣東大埔。幼時在家使用大埔客家話與越南語，小學上中文學校，中學就讀法國學校，因而使她擁有扎實的中國、法國和越南的語言和文化背景。一九六九年，進入台大中文系就讀，一直到完成碩、博士學位，並開始教書。一九七九年，她赴法國攻讀第二個博士學位；六年後回台，專任淡江大學中文系和法文系教授，並在其他大學講授「文學社會學」。

何教授既是一位在中國古典文學與現代文學的研究上表現都非常突出的中文系教授，而且更因自小熟識法文，並在法國取得文學博士學位，所以也是一位著名的中、法比較文學的著名學者。此外，她更是一位傑出的作家，自十六歲即在僑居地的華文報刊發表作品開始，數十年來，已累積了非常豐富的創作數量。至於其創作類型，則包括有新詩、散文和小說等，並且也都各有代表作品，譬如新詩類的《當夜綻放如花》、《髮或背叛之河》等詩集，《那一傘的圓》等散文集，以及許多篇小說；其中，因新詩的數量最豐，故而使

她也以「詩人尹玲」之名活躍於台灣的文壇。此外,何教授也是一位翻譯名家,由於她熱心地將法國的著名作品,包括《法蘭西遺囑》、《不情願的證人》等小說,以及著名的文學理論翻譯成中文,而擴大了國內文壇及學術界的視野,也促使台灣的文學的創作與研究在國際性的交流上佔有一席之地。

何教授雖然有這麼多不同的身分,且在每一領域都也傑出的成就與貢獻,但因這一次是由本校所主辦的學術會議,參與者也多是文學研究與文學教育的工作者,所以底下的介紹將以何教授在「文學批評」上的作為限。至於介紹方式上,則是依據「文學批評」界最普遍的做法,也就是將其區分為「文學理論」與「文學批評」兩方面來進行。

二、文學理論(也稱為「理論批評」):
法國文學理論的引進

從文學研究的角度而言,何金蘭教授最著名的貢獻之一,應該就是將法國影響力深廣的文學理論引進台灣;而其中,當以「發生論結構主義」和「文學社會學」兩種最受矚目。這兩種文學理論的要點如下:

1.「發生論結構主義」(le structuralisme genetique):

何金蘭教授指出,「發生論結構主義」係由法國的高德曼(Lucien Goldmann, 1913-1970)所提出。高氏這一理論原來稱為「文學的辯證社會學」(sociologie dialectique de la litterature);據何教授的分析,「文學的辯證社會學」主要

是由「基本結構」與「具體事實」兩者間進行「辯證」的過程後所形成，因此，它與「社會學」，特別是其中的「唯物辯證法」有非常密切的關係。它後來會改稱為「發生論結構主義」，主要是因為它的論述重心產生變化，就是把討論的焦點集中到「理解」（comprehension）與「解釋」（explication）這兩個術語上，先闡述它們的內涵，然後再進一步說明它們之間的的關係。更具體地說，前者所分析的是「文本的內在意涵結構」，也就是作品的文本，而後者則是探討作者、文本與現實之間的關係。這兩個術語其實有一個共同點，就是以「文本」為論述的基礎。換句話說，就是把關注的中心轉到文本的結構及其意涵上，然後再由此深入到文本中所隱含的其創作者的心靈活動上。

2.「文學社會學」（la sociologie de la litterature）：

　　何教授指出，來自法國的「文學社會學」是逐漸形成的。首先是大約在近三百年前，法國的斯達勒夫人（Mme de Stael,1766-1817）受到孟德斯鳩的《法意》所啟發，認同盧氏所主張的：法律必須與該時代的社會結合才有意義，因此提出了文學也必須與當代的社會制度結合，進行有系統的研究才有意義的論點。於是，形成了一種既重視社會現象，也兼顧時代特殊性的文學觀念。過了六、七十年後，鄧納（Hippolyte Taine, 1828-1893）更進一步提出任何文學都必含有「民族、環境、時代」等因素的主張，也就是在斯達勒夫人的文學論述上，再加上種族的精神特質，這就是著名的文學「三元論」。又大約過了半世紀後，郎松（Gustave Lanson,

1857-1934）提出了撰寫與分析「文學史」的「方法論」，強調凡是研究，都必須有科學的依據，故而主張方法必須具體。於是，包括蒐集相關的目錄，根據作家創作作品的過程中所留下的各階段的修正手稿，來追溯作品的淵源等，乃成為他所宣稱的研究文學史的實證式方法。到了二十世紀中葉，波爾多大學的埃斯噶比（Robert Escarpit 或譯「艾斯卡皮」，1818-2000）在 1958 年正式出版一本名為「文學社會學」的書，而使這一名詞確定下來。埃斯噶比教授以大眾傳播的觀念與方法為基礎，綜觀察整個社會中的文學現象，然後再指出，文學若要成為一門科學，也就是「文學社會學」，便必須兼顧文學的生產、傳播與消費等社會情況。

在介紹法國的「文學社會學」上，何金蘭教授的闡述不僅周延與完整，而且還迭有分析與批判，所以在引進西洋文學理論到台灣的領域裡，何教授與「文學社會學」的關係幾乎密不可分了。不過，如果仔細觀察何教授在文學研究上的內容，我們應該不難察覺到影響她最深的，其實是「發生論結構主義」，因她在對作品進行實際的批評時，這一理論的影子幾乎到處可見。

三、「實際批評」：文學作品的內涵結構

何金蘭教授在對文學作品進行實際批評時，最讓人印象深刻之處即在運用她所熟悉的「發生論結構主義」作為分析的方法，而且所獲得的成果也非常豐富。由於她對隱藏於作品的文本裡面（如「結構」）或作品的最深層之處（如「內

在意涵」）到底甚麼?譬如:文本是如何寫成的?或作者開始
動筆時,作品的面貌是否已被確定?或作品內到底包含了多少
作者心靈深處的複雜活動過程?…等等的問題都十分的好
奇,所以她一方面深入鑽研這一文學理論的內涵,同時也實
際進行對作品的深入分析。底下,便以「批評的對象」為著
眼點,將何教授在實際批評上的成果,區分為「以她自己的
作品為對象」與「以他人的作品為對象」兩類,來稍作介紹:

1.以自己的作品為分析之例

　　何金蘭教授除了研究、教學和創作之外,也時常提出實
際批評的成果。她曾從自己的詩集《髮或背叛之河》中舉出
〈近乎〉、〈永別或再見的兩難抉擇〉與〈完美的結局〉等
三首新詩為例,分析它們的關係。第一首詩〈近乎〉最早完
成,其結構係由兩節組合而成,每一節各有 9 行,總計整首
詩共有 18 行。第二首詩〈永別或再見的兩難抉擇〉則是以第
一首詩為底本所修改而成,其結構已衍生成三節,每節的行
數依次為 10 行、11 行、2 行,整首詩共計 23 行,兩首詩的
結構已大不相同。最後完成的是第三首詩〈完美的結局〉,
其結構則已衍生為四節,每一節的行數依次為 4 行、8 行、6
行、7 行,共計 25 行,故而與前兩首詩已完全不同。何教授
本人曾對這三首詩的寫作原因作如此的說明:〈近乎〉是她
「在捷運上的直筆草稿」,〈永別或再見的兩難抉擇〉則是
對〈近乎〉「稍作修改」而成,而〈完美的結局〉則是「同
一首詩的漸次變化,是在頭痛與心頭劇烈時的卑微祈求」。
然後,更提出如此的解說:「同一個想表達或描繪或敘述的

感受、想法，在不同時間或空間裡可以有此等差距，可以想見作者精神與心靈活動時的變化。」（請見何氏《法國文學理論與實踐》，頁 42）

　　事實上，何氏上述的說明顯然是作者自道之言，而依據應是建立在「發生論結構主義」的「發生論」之上，也就是在探討作者是經過哪些過程才把作品的創作完成。據此，何教授此時已非從作品的讀者或「批評家」的立場來「對作品進行實際的分析與評論」，而是以具有豐富創作經驗的「作者」身分來「說明作品產生的過程與結果」。因此，對她而言，這三首詩並無哪一首比較成熟或不成熟的問題，也沒有哪一首的水準比較高或價值比較低的問題。特別是身為作者的她，此時所想要表達的重點其實只有一個，就是這三首詩乃是各自獨立的，都各自表現了作者當下的一種獨有的精神或心靈活動 —— 而這正是典型的「發生論結構主義」批評的運用。

2.以他人的作品來分析

　　何金蘭教授除了分析自己的作品之外，以他人的作品來進行實際批評的情形更為常見。這裡，便以她對其詩友，也是女詩人淡瑩的〈髮上歲月〉一詩為例，來介紹她在進行實際批評時慣常使用的方法。

　　〈髮上歲月〉一詩的結構包括五節，每一節的行數不一，依次為 8 行、4 行、7 行、7 行、7 行，共計 33 行，其後並附有一段「後記」。詩的內容在描寫詩人步入中年後，突然驚覺頭上的青絲已逐漸轉成灰白，因而陷入一種到底要或不要

染髮的複雜心境中。我們從何教授將這篇實際批評的論文題目訂為「屈服抑或抗拒？－剖析淡瑩的〈髮上歲月〉一詩」，應可看出她顯然將解釋這首詩的層次提升到「人在生命路途中遇到困難時，應該如何抉擇」上，而且以「屈服」與「抗拒」間的衝突來代表詩人的那種心情。這種分析方式，其實是屬於「結構主義」的「二元對立」模式，也就是把觀察或討論的對象切割成兩半，並代表極端相反的立場，營造出兩者間必然會發生激烈衝突的情景，以形成一種強大的「張力」，讓讀者印象深刻。詩中的兩種衝突的立場，一是染髮會傷害髮質，且有許多危險的副作用，另一是染成黑髮會擁有讓人羨慕的青春－即使是短暫的。過程中的質過程中所顯現的張力既已夠人心弦，則最後的決定為何變不慎重要了。借用這種論述方式，且把它提升到富含人生哲理的層次，當然頗具深度，且有說服力。

　　事實上，這種分析法在何教授的實際批評論文中實十分常見，譬如在分析林泠的〈不繫之舟〉一詩時，便以「繫與不繫之間」來描述，其他如分析向明的〈樓外樓〉一詩時，則加上「家鄉/異地」之「內/外」糾葛為副標題，分析瘂弦的〈如歌的行板〉一詩時，則有「虛無/存在」的樂章之說明，以及分析白靈的〈鐘擺〉一詩時，也有在「生/死」「左/右」的夾角等說明…等。

　　在這樣一位集學者、教授、理論家、作家、批評家於一身的好友即將自任教了數十年的大學退休之際，筆者謹草此篇小文，藉以表達由衷的敬佩之意。

台灣傑出散文集與小說作品選評

「散文」是一種文學體裁的名稱，也與「小說」、「詩歌」、「戲劇」合稱現代文學的四大「文類」。相對於其他三種文類都具有明確的定義，「散文」因其外在形式的自由多變，內容題材的無所不包，語言文字的自然靈動，以及它對創作者與閱讀者、甚至社會等都可能含有或大或小、或直接或間接的功能，所以實在很難只用幾句話便希望能對其提出明確的定義。事實上，若從現代研究者的實際研究來看，不論是名為「小品」、「雜文」、「隨筆」、「漫談」，或者是稱為「尺牘」、「手札」、「遊記」、…等，這些名稱不一的作品，不僅形式有別，題材有異，性質不一，而且功能也不相同，然而卻都被這些研究者視為他們的「散文」研究對象！

在認知與定義上，「散文」的問題雖然如此複雜，但不可否認的是不論在創作者的人數或作品的數量上，它都位於上列四種「文類」的鰲頭之位；而這正足以反映這一文類的普遍性。

當然，台灣的現代文學中最受矚目，也最受肯定的「文類」乃是「小說」。這不僅是因為它的形式與內涵最足以將現代人們的活動與社會現象反映在作品裡，而且台灣在這一

文類的創作上確實也達到非常豐碩的成果。因此，筆者乃自台灣眾多的散文集與小說作品中，選出幾本甚具特色與意義的作品，稍作介紹如下：

一、洪素麗：《守望的魚》

在保護大自然環境的世界浪潮影響下，二十世紀八〇年代的台灣文壇也出現了一股以大自然風物為描寫對象的寫作潮流，包括山川風景、蟲魚鳥獸等，都成了這類作品，即「自然寫作」裡的主角。洪素麗的《守望的魚》便是屬於這一類的散文集。

在《守望的魚》中，以「鳥」為描寫重心的有四篇，以「魚」和「環境」為焦點的各有三篇，以「天候」為中心的有兩篇，而描寫「房子」、「漫遊」與「理論」的則各一篇。大致而言，這類「自然寫作」散文多具有三項重要意義，底下便以《守望的魚》為例來說明：

（一）以作品裡的主角為核心，提供豐富的相關知識

在〈始祖鳥不會飛〉這篇散文中，作者先以 1861 年在德意志被發現的始祖鳥化石為例，指出地殼大變動的結果，不僅會出現新的山脈、海島，也會引發天候異變，甚至促使某些生物滅絕。接著，她以始祖鳥為焦點，說牠們是一種約一億五千萬年前，只在樹間跳躍，卻不會飛的鳥；而這種鳥的特殊形貌為：體積與烏鴉相當，口有細牙，鼻孔屬於爬蟲類型；前肢兩側長著飛羽，各有三指，指端為爬蟲類的長彎曲

爪，而後肢則仍粗大，並未細小化；骨骼並未中空，胸部則為爬蟲類的平胸，因沒有龍骨以增加胸肌附著面，致使兩翅無法有力拍動翅膀，以產生強大氣流。據此，作者乃推測：始祖鳥的滅絕，可能是因為不會飛。本文在始祖鳥的介紹上，可說具有知識性和趣味性。

（二）提醒讀者，破壞大自然生態會引發重大浩劫

在〈海岸線〉一文中，作者認為陸地與海洋的關係 ── 海岸線－實具有「永恆」或「生命」哲理。他先分析台灣的東岸，從北邊的淡金海岸到南邊的恆春海岸，實包括有岩岸、沙岸與礫石岸三種；而西海岸則因有多條溪流從山上流經平原出海，造成許多海埔沙岸。作者在描述各種海岸外都有其特別的海洋生物群，海岸內也各有獨特的植物種類和在其上活動棲息的動物群後，用意深刻的指出，在這一環境中實含有一呈金字塔型的食物鏈：微生物→昆蟲→甲殼類→魚→鳥→人，而「人」正位於最高的主宰位置。由於此一金字塔的塔身乃是浮動的，也就是其中的任何生物群若遭到人為的過度掠奪與破壞，則整座塔便會解體。作者因此深刻的指出：如果發生了這種情況，「人」又怎能不受影響呢？

（三）呼籲人類必須修正自我中心的心態，進而與大自然和平相處

在〈守望的魚〉一文中，作者以美國紐約甘迺迪機場對面的牙買加海灣為觀察地點，重點描寫了在這個生態保育區裡，從九月秋天，經過十二月和一月的冬天，再到二月底春

天即將來臨前的期間裡的一些水鳥和陸鳥的遷移和棲息情形，並指出那裡的水鳥和陸鳥至少有九十二種之多。作品的高明處，便是在作者將自己於該時地觀賞、守望那一大自然現象時，將她心中的悸動和深刻的感受娓娓道出，以引發讀者共鳴，同時，也技巧的點出了人、物和大自然之間的關係乃是密不可分的。

二、簡媜：《天涯海角》

與「詩歌」相比，「散文」既不必遵守形體上的節奏與音律，也不用講究語文上的意象與比喻，所以擁有相當自由的書寫空間。與「小說」相比，「散文」也不需為了使「小說」的故事能夠脫離作者在身份與時間、空間上的限制，而非得虛構出一個述說故事的人不可，以致於造成作者無法直接在作品中抒發自己感情的缺點。因此，「散文」可說是一種可以讓作者在無拘無束的書寫方式下，直接在作品中抒發自己的情思的文學體裁。

台灣近三十年來散文界，簡媜因所創作的散文作品多兼具有情思婉緻與行文酣暢的優點，所以被公認為擁有一支非常出色的健筆。這本《天涯海角》散文集包含了她的九篇作品；每篇散文雖然都有特定的題材與焦點，但在總體上，整本文集實含有一條主軸：作者以自己為立足點，採用充滿關懷的行文方式，成功的說明瞭任何人都能擁有永恆的愛情的道理。

這樣的內容和題材在散文作品中當然非常普遍，但簡媜

的散文之所以突出，則是在她的寫作手法上。底下，我們可用文集中的幾個例子來說明：

　　在〈渡 —— 給愛情及仁堅一切美好〉的寫作方式上，簡媜所採取的顯然不是直接訴說自己的愛情經歷和感受，而是選擇了旁觀者的角度來表達她對愛情和人生的看法。作者以她同事的母親為故事的主角，在故事的表層上，仔細的描寫了同事的母親在成長過程中所遭遇的曲折經歷；雖然她的成長過程因起伏不定而頗具吸引讀者的力道，但作者的重點也並非在此。我們從作品中可看出，作者所刻畫的焦點其實是主角如何在不同的時期、不同的環境情況、以及和不同的人互動中，或是以直接的方式來表現自己對親人的感情，或是採用間接的方法來暗示自己心中對某人的愛意。在這些刻畫的非常恰當與動人的情節中，什麼才是人生中永恆的愛，其實已經深刻的表達出來了。

　　又如在〈浪子〉、〈朝露〉與〈天涯海角〉等散文中，作者以這些作品所具有的共同性質－「溯源」－為基礎，技巧的在隱約中將它們繫聯起來，如此，不僅使作品的書寫篇幅擴大，也讓作品可以容納更多的資料。據此，作者果然在揮灑自如的行文中，以追溯自己的姓－「簡」－為主軸，引用了大量的相關文獻資料，真情款款且娓娓細訴的把自己現在身為台灣宜蘭人的心理、自己的家族原本係來自大陸福建的宗族傳衍，以及數百年來的台灣歷史等等，既深刻感人，且推論有據的演繹出來了。

三、舒國治：《流浪集》

　　台灣自二十世紀八〇年代末起，隨著政治的解嚴，文壇上即展現出如同一幅活力四射、五彩繽紛般的景象。其中，尤以「報導文學」、「自然寫作」、「旅行文學」等新文類的一一出現最受矚目，因這不只代表著台灣此時的文學創作人口大增、作家的創作思維奔放，創作的成果非常豐碩，而且也具有文學作品的閱讀人數和水準都已超越以往的深刻意義。

　　舒國治的《流浪集 ── 也及走路、喝茶與睡覺》一書，即是屬於「旅行文學」的散文集。「旅行文學」這一新文類的重要意義，便是強調凡是人，必都具有追求理想的天性，而且更須以冒險的精神為動力，去開拓自己的人生，並讓人們欣賞他所開創出來的新世界（與境界）。舒國治這本散文集既然是屬於「旅行文學」類的作品，當然也擁有前述這些特色。當我們細讀過這本集子裡的散文後，舒國治將這本書名題為「流浪」的原因顯然是很清楚的，就是想要指出：人的生命本質既然是動態的，那麼任何人在其一生中便至少要有（多次）旅遊的經驗，而不應只安居於一個地方。

　　收在本書中的十八篇散文，在文體的屬性上頗為一致，就是都以作者為敘述人。這類作品既以「旅行」為名，當然是以旅行的地方為主要的描寫對象；而在本書中，這些地方包括了：臺北、北京、上海、美國紐澳良等現代城市，以及杭州、桂林、蘇州虎丘等風景名勝。在言外之意上，作者在某些作品中暗示了：人其實是可以藉著專心欣賞風景之美，

來拋卻日常所肩負的重擔；而在另外一些作品中，作者則強烈建議：人絕對可以經由遊山玩水的過程，將自己融入山水之勝中，以擴大自己的人生領域。此外，也有作品的主題是想強調：透過自己有機會品茗各地的獨特滋味的茶種時，進一步去擁有「隨遇而飲」的自在感；也有的作品是想提醒：人們在任何時、地，都可能會遇到難得一見的人物與風景，此時，必可享有「偶遇之樂」的感覺。

　　總之，作者在不同的散文中描寫了不同的題材，也表現出不同的主題。而最重要的應是在提醒我們：我們對這個世界既不應多取，也不須多予；清風明月，時時都藏於我們的襟懷；閒適自在，也是人人都可享有的心境與生活。

四、林文月：《遙遠》

　　《遙遠》是一本風格獨特的散文集，而這與它的作者是林文月很有關係。

　　由於林文月是台大中國文學系古典詩的名教授，更是將日本著名的古典小說《源氏物語》譯為中文的翻譯名家，因此，她這本《遙遠》集所呈現出來的最重要特色，便是兼括了遼闊的視野、深刻的洞見、雅緻的行文與細膩的感情。

　　名作家琦君在《遙遠》的〈序〉裡，即從性質上將這本散文集裡的二十篇作品區分為「親情」、「旅遊」與「出國研究講學」三類。不過，如果我們從整體的文學性出發，實可將《遙遠》這本散文集的主要特色描述為：以清雅而貼切的文字為媒介，或帶領讀者去觀賞內涵豐厚的異國文化古

蹟，或使讀者近距離去體會前賢那種讓人感佩的學者風範，或引導讀者去感受許多人與人之間的動人情誼。

底下，我們就從這三方面來進一步說明《遙遠》集的特色：

（一）介紹異國文化古蹟

譬如在〈翡冷翠在下雨〉中，作者以翡冷翠－歐洲「文藝復興」的搖籃－為對象，先勾勒出這個地方的外貌特色，再以「思古之幽情」為動力，從文藝的角度深入介紹了從過去到現在這個地方曾出現過的偉大建築、繪畫、雕刻，以及創造了它們的藝術家。

（二）描述學者的性情與風範

譬如在〈十年憶昔〉中，作者透過她訪問日本京都大學時曾參加的某個晚宴上，看到了東洋文獻中心主任尾崎雄二郎在同校中文系主任清水茂突然以粵語來說話時，也立刻說滬語來與他對抗；但當她白天到他的辦公室去拜訪他時，他又堅持只講日語等動作，把尾崎雄二郎的鮮明風格和神態都栩栩如生的展現出來了。

（三）表現人與人之間的感情

譬如在〈給母親梳頭髮〉中，作者先形容自己當下為母親已花白且稀疏的頭髮梳頭，態度是多麼小心翼翼之後，立刻以回憶的方式，描寫了母親年輕時在梳妝台前所梳理的，可是她那一頭幾乎長可及地的濃密黑髮。於是，母親的兩種

頭髮乃立刻形成強烈的對比。不過，作者在這篇散文裡普遍使用這一寫法的目的，其實是想藉著前後的對比來創造出動人的力量，因此，她以細數母親以前處理繁雜家務的能幹和嬌寵她的豐沛母愛，來對比如今自己對待年邁多病的母親，是以多麼戒慎和珍惜的心情，來幫母親沐浴、擦身和梳理頭髮。這種強烈對比的手法和細膩深情的文字，正是這篇散文能深刻感人的原因所在。

《遙遠》，是一本由學者所創作出來的散文傑作。

五、林文義：《茉莉葉的指環》

這本《茉莉葉的指環》總共收了林文義自 2000 到 2002 年間所發表的散文作品中的 28 篇。這些作品雖然各有自己的題材和內容，但若將它們視為作者林文義的行動記錄與由衷的心語，則我們應該會同意本書中王定國為這本散文集所寫的〈純淨飛行〉中的分析：「旅行與回憶，架構了這本書的主題。」── 除了幾篇是純粹屬於作者心中的感觸之作，如〈溫泉女體〉、〈同年相見〉、〈雲淡風輕〉等之外。

想深入了解這本書中的散文之真正意義與價值，我們實不能不先了解林文義的經歷。

林文義因熱愛自己生長的台灣寶島，又富有正義感和理想，所以曾長期且積極的參與過台灣島內的民主運動。因此，在他超過三十年的創作生涯中，曾寫下許多有關台灣社會現實百態的作品。但到了他寫這本散文集裡的作品時，不僅已年近半百，更因看透了在所謂民主運動的表象之下所隱藏的

種種虛偽與欺騙，所以在這些作品中常流露著一種夾雜著氣憤、無奈和蒼涼的氣息。這一特殊的風格，即是因他採取了回憶的角度，冷靜而傷感的回味自己過去的種種自認為有益於國家社會的作為，但其結果卻並非如此的狀況與感懷。這類作品可說是這本散文集裡的大宗，如：〈航迷〉、〈光影捷運〉、〈流雲奔浪〉、〈追憶一九八二年冬〉、〈兩個時空〉、〈在夢裡的微笑〉、……等等。

此外，因林文義曾任記者，所以除了因工作需要而走訪過台灣島內的許多角落之外，也出訪過五十多個國家，因此，收在他這本散文集裡的作品中，也有許多篇是以外國為描寫的對象，如：〈茱莉葉的指環〉、〈土魯斯天空下〉、〈時間之河〉、〈看那片清冷的潮汐〉、〈異鄉航路〉、……等等。但值得注意的是，這些作品裡的外國雖也確實呈現出其獨特的風貌，但卻多因含有或被作者拿來與自己國家相比較，或被他用來引出自己對家國的思念之涵義，因而乃使這些散文都在似有若無之間呈現出一種悠長的懷想韻味。

六、張曉風：《地毯的那一端》

張曉風是台灣現代散文的重量級作家，《地毯的那一端》則是她的第一本散文集。由於收在這本散文集裡的十八篇散文，內容都是有關作者在大學求學與畢業後留校任助教時的所遇與所感，因此，它不但擁有作品成功的第一要件，也就是以作者所熟悉人事景物等為題材，因而具有逼真與動人的優點，而且也因題材與作者的年齡和經歷能夠相配合，所以

形成了整部散文集呈現出青春、敏感、細膩和優美的特質。

　　從作品的結構來看，這十八篇散文的寫作方式大致可區分為兩類；其一是書信體，例如：〈到山中去〉、〈綠色的書簡〉、〈山路〉、〈霜橘〉、〈地毯的那一端〉、…等，另一則是借著寫景與敘事來抒情，例如：〈畫晴〉、〈回到家裡〉、〈光環〉、〈魔季〉、〈細細的潮音〉、…等。不過，如果從整體來看，這兩類寫作方式其實都是以「情」為主要的書寫主題。

　　書信體散文的最大特色，就是以作者所親近的人物為說話對象，因此，整篇作品實可視為作者直接向此對象訴說或抒發自己內心情思的文字，是兩者間非常親密的語言。《地毯的那一端》裡的這類作品，即擁有這樣的特色。以與本散文集同名的〈地毯的那一端〉一文為例，它便是作者「我」在與此文的特定接受者「德」步入結婚禮堂之前，向「德」傾訴的心語：「我」對「德」一路走來的耐心扶持與細心呵護，實懷著深深的感動、信靠、快樂與感謝。果然，「我」內心之中對「德」的款款情意，在具體事件的細膩描述與真情四溢的優雅文字中，使本文成為一篇動人的散文作品。

　　至於借著寫景或敘事來抒情的散文，因也是以作者心中的「情」為主，所以描寫出來的景物，或是敘述出來的人事，也都會敷染上作者的主觀色彩。《地毯的那一端》內的這類散文正是如此。例如〈畫晴〉一文，描寫的是「我」去郊外訪友不遇，因而乃利用這一機會欣賞鄉村的風光；在這樣的心情下，果然出現「我」眼前的草地、樹木、孩子、小狗等，都散發著清新的氣氛，而雲朵、陽光、和風、日影等，也都

讓「我」感到舒暢。又如〈回到家裡〉一文,所敘述的是「我」回家後與弟弟、妹妹的互動情形:在自己眼中,大妹是用功的、弟弟是活潑的、妹妹是天真的,而這樣的印象,則是因為自己回到家後,因心裡感覺到的是幸福、甜蜜與優閒所致。

當然,這本散文集的成功因素,也包括了優雅而美麗的語文,細膩而真摯的情感,以及技巧的篇章設計。

七、黃凡:《賴索》

黃凡的短篇小說《賴索》自一九七九年發表後,不但震驚了當時的台灣文壇,更是佳評如潮。分析其原因,大約以下列兩項最為主要:

其一、不但選擇了當時仍然屬於禁忌的「政治」題材為內容,而且還深刻的在其中寓含了強烈的批判和諷刺的言外之意。

其二、高明的運用了二十世紀五、六〇年代被引進台灣的「現代主義」創作手法,使小說裡的情節都能在主角的真實生活和腦海回憶中自由穿梭。如此,既豐富了故事的內容,也使作品產生了靈動的優點。

小說的主要內容是:主角賴索在二十出頭的年紀,因丟了雖然不怎麼重要的賣水果工作,卻也因天真無知、甚好利用,而落入了工於心計、別有企圖的政客們所設下的陷阱中。他因此加入了泛亞雜誌社的老闆韓致遠先生所領導的「台灣民主進步同盟會」,並為他們散發以「階級鬥爭是社會進步的動力,並可解救台灣」為宣傳重點的傳單,因而被捕入獄

十年。

　　賴索三十歲出獄後，在哥哥照顧下結了婚，並生了三個孩子，過著經濟上還算是小康的生活。

　　過了二十年後，有一天，賴索忽然在螢幕上看到韓先生將於六十七年六月廿日從日本歸國，而且要在電視台接受以「重歸祖國懷抱」為主題的專訪，請他：（一）對政府能寬大為懷，讓他可以重新踏上祖國土地表達感謝之心；（二）深刻懺悔自己年輕時的無知，並痛陳共產黨流毒貽誤他的情形；（三）誇讚祖國（台灣）這幾年來的長足進步和社會的繁榮；（四）公開向全世界被共產黨欺騙的人說真話。

　　賴索因此乃趁著去醫院探望表哥後，到電視台外等候，希望訪問結束後，可以在電視台門口攔到韓先生，然後跟他說一句：「好久不見了。」但卻在終於攔到後，得到了韓先生的一句回答：「我不認識你！」

　　在小說的結構設計上，這一故事內容其實是以六十八年的夏季，賴索站在家裡的陽臺上，面對滿天繁星，因而想到自己夢幻的過去開始，而也在同一時、地結束的；這一創作手法，當然是屬於西方「現代主義」中的「意識流」方法。因此，這篇小說最突出的兩大特色，當然是政治的諷刺和現代主義的寫法。

八、施叔青：《微醺彩妝》

　　《微醺彩妝》是作者施叔青繼她在香港發表了「香港三部曲」（《她名叫蝴蝶》、《遍山洋紫荊》、《寂寞雲園》）

之後，回到台灣所發表的第一篇長篇小說。這篇小說在臺灣
受到文學批評界的回響，與她的「香港三部曲」在香港一樣
熱烈，而評論者討論的焦點，也大都集中在這些小說裡所隱
含的社會批判性。

　　這篇小說的內容係以「紅葡萄酒」為軸線，描寫了：台
灣在二十世紀九〇年代經濟起飛後的中、高層社會中，原本
是由台灣生產的「紅葡萄酒」，在假冒為自外國進口的洋酒
後，終於成為社會高層人物在應酬場合中的主要消費品。

　　在小說人物上，作者選擇了大企業繼承人、古董收藏家、
律師、醫師、媒體人、追逐時尚的女性以及歡場中的女子等
為代表，技巧的用他們來象徵台灣此一時代的社會中堅份
子。接著，作者藉著刻畫他們的酬酢活動，將資本主義已成
為台灣社會的基礎具體的呈現出來，即：在這種環境中，金
錢已成為台灣社會中價值觀的主控者；人的社會地位是高或
低，由財產與收入的多少來決定；高收入者可盡情享受奢靡
的生活；人們追逐的目標為高消費的流行時尚；為了賺取大
錢，可以假冒進口洋酒；為了參與上流社會，可以掩飾自己
的真相；…等。

　　評論者都同意《微醺彩妝》是一本傑出的寫實小說，它
值得稱道的優點至少有：（一）深刻的點出臺灣在許多人長
期冒險犯難、積極進取之下才獲得的傲人經濟成果，已經成
為奢靡風氣的溫床。（二）透過台灣土產紅酒必須靠著偽裝
的外國牌子才能受到社交界的青睞，來批判國人崇洋的心
態。（三）以呂之翔如何掩飾自己已失去對酒的嗅覺、以唐
仁與洪久昌兩人炒作紅酒與偽造洋酒牌子、以王宏文希望藉

著提供最高級的紅酒來擠入政黨核心、…等，強烈的諷刺了虛偽、造假和僥倖在台灣高層社會裡的流行情況。

　　小說的題目「微醺彩妝」，原來是指化妝品「雅詩蘭黛」的一種「裝出微醉」的新化妝術。但是，既未喝酒，又何來醉貌？本篇小說的諷刺含意，作者已技巧的暗藏在篇名之中了。

九、王禎和：《嫁妝一牛車》

　　〈嫁妝一牛車〉是王禎和最著名的小說。由於王禎和的小說大都是選擇了社會的底層－尤其是在鄉間 ── 的小人物為刻畫的焦點，然後以「淑世」的觀念出發，一方面揭露社會底層人物是如何受到現實生活的殘酷逼迫，另一方面也藉此寓含了他對無情的現實社會的強烈批判，以及對人性竟然如此卑微的悲憫與同情，因此，都具有引發讀者深思的力道。同樣的，〈嫁妝一牛車〉也具有這種優點。

　　〈嫁妝一牛車〉以既窮又聾的鄉下人萬發所遭遇的一連串不幸經歷為故事主軸，其內容大致如下：

　　（一）萬發在父親遺留給他的三、四分面積的園地上，無論種什麼菜都長不出；即使是好不容易才那麼一次的肺炎草快要能收割時，卻又被大雨沖走了！

　　（二）他的三個女兒被好賭的妻子阿好因賭輸而賣掉，而他則只能靠著幫人拉牛車來賺取一點酬金，養活夫妻倆和剩下的兩個兒子。

　　（三）住在萬發家附近茅房的簡姓成衣販，因阿好幫他縫補洗滌，而他也把有瑕疵的衣服送給萬發家，並以每月兩

百元請萬發家的阿五幫忙而很接近，致使村子裡傳出兩人很親密的議論。

（四）簡因回去故鄉和採辦衣服而離開，牛車主也把牛租給人犁田，逼使萬發只能藉著偶而幫人掘墳、抬棺來賺點小錢；阿好甚至連到城裡應徵醫院裡的燒飯、清潔工作也無法如願。

（五）簡回來後，雖因送米與雇用阿五而使萬發家不再挨餓，但也因住進萬發家（雖是與阿五一起睡），而使萬發被村人譏笑為：自己夫妻與別的男人同舖睡。

（六）簡因避嫌而離開後，阿五也因病而不能工作，萬發更因所拉牛車的牛撞傷小孩而賠不起，因此被關進牢裡。

（七）萬發知道自己在獄中時，是簡在照料自己的妻子和兒子；出獄後，又是簡為他頂了一輛牛車，讓他能踏實的賺錢。於是，乃形成了簡每七天送他一瓶酒，讓他到料理店享用一頓餐飯，晚一點回家，好方便簡到他家和自己的妻子行事的生活模式。於是村裡乃流行這樣一句話：「在室女一盒餅，二嫁底老娘一牛車。」

受困於貧窮的社會底層人民，生活的內涵竟然是如此的匱乏，生命的品質更是這麼的卑賤，王禎和的〈嫁妝一牛車〉真是給讀者上了寶貴的一課。

十、蘇偉貞：《沉默之島》

這是蘇偉貞獲得「第一屆時報文學百萬小說獎」的「評審團推薦獎」的作品；然而特別的是，評審成員對它的主題

不僅有不同的說法，有的評審甚至還明白表示自己其實也未能真正了解其主題。

在內容上，這本小說實由兩條軸線組合而成。第一條軸線是敘述女主角「晨勉」的故事。她出身於破碎家庭，母親殺死父親後，也死於監獄中。她的妹妹名叫「晨安」，留學英國，因表現傑出，所以博士畢業後留校任教；後來與洋人「亞伯特」結婚，而因希望能享受生活，故暫時未有生小孩的計畫。至於「晨勉」自己則在大學畢業後，出國攻讀心理學兩年，回台北後任職於外商公司，從事市場分析的工作，而因總公司在香港，所以常奔波於台北和香港兩地。三十歲左右時，「晨勉」與小她六歲的德國青年「丹尼」在船上認識而交往；此後，「晨勉」與「丹尼」，還有他人都發生了身體上親密接觸而愛情上卻游移不定的關係。

第二條軸線所敘述的女主角，名字也叫做「晨勉」。這個「晨勉」與前一位「晨勉」不同，父母仍然健在，且有一個名字也同樣叫做「晨安」的弟弟。這個男的「晨安」留學美國，後來在當地成為建築師。至於這個「晨勉」自己，在大學畢業後出國學戲劇，完成學位後回國，進入國家劇院擔任舞台監督。她與「馮嶧」結婚後，對一切都覺得幸福，並計畫於三十五歲時生孩子；只是這樣的生活，被父母和弟弟批評為平淡乏味。後來，她弟弟的美國碩士班同學－比弟弟小三歲，小留學生出身的「祖」，因博士論文想研究台灣島嶼文化與劇場形成，同時想回國找父親，所以請「晨安」替他在國家劇院找到一個半年期的工作；而「祖」的英文名字恰好也叫「丹尼」。此後所敘述的，就是以他們兩人為軸所

發生的許多以身體密切接觸為主而愛情為輔的關係。

在文字面上，《沉默之島》的特色約可歸納為：（一）大量描述男女「身體」的親密接觸情形。（二）這些男女的名字多重複出現，他們的國籍也既多且雜。（三）在高頻率的性關係中，這些男女的心理或情感雖會被提及，但最多只能算是陪襯的腳色，或還甚至被描述為妨礙「身體」去直接感受刺激的障礙。

至於本小說的喻意，因作品中並未明白交代這兩個「晨勉」是什麼關係，以致於造成故事的主題含混不清的結果。不過，筆者個人倒願意提出如下的推測：女人的「身體」就像一座漂浮於海洋之中的「沉默之島」一樣，故無法自主。但當它遭到各種無法預知的外來衝擊時，雖可不必發聲，但卻能在沉默之中以自己的內心去感受和領會各式各樣的撞擊。

十一、凌煙：《失聲畫眉》

這是一本以歌仔戲班為描寫對象的小說，而故事的內容大致以「戲班內」與「戲班外」的雙線方式在推展。

在「戲班內」的故事方面，本小說以戲班成員們的出身為基，指出他（她）們多來自窮苦家庭。為了能讓他們生存下來，他們自小就被賣給戲班而開始了到處表演的漂泊生活。這種生活的辛勞固然讓人同情，但更使人震撼的是：由於表演人員多為女性，而為了演出所需，得有人扮演男性腳色。這些多屬青春期的女性，或因心理孤單而渴望伴侶，或因生活流離而期盼依靠，於是在長期親蜜的相處下，乃發展

出不少女性別錯置、倒鳳顛鸞的「女同性戀」情事。但是在道德與法律都不允許的情況，她們的內心可說是一直處在壓抑、緊張、無奈與失落的黑暗中的。本小說的深重要貢獻之一，就是在指出人性的複雜與環境的可怕。面對這樣的情事，我們的社會應該有怎麼樣的措施呢？

在「戲班外」的故事方面，本小說客觀的呈現了被認為是傳統民俗文化的代表——「歌仔戲」，竟然在現實社會的巨大壓力下，已經在彼此拼場、為了吸引觀眾，或者說是為了爭取表演機會，讓戲班能夠生存下去，以至於不得不在表演方式與內容上由親口說唱，一變為錄音代唱，再變為綜藝表演，甚至於變為脫衣舞秀了。本小說所要批判的，應該是社會現代化後，難道非金權至上不可：有錢的人便可呼風喚雨？有權的人即能為所欲為？甚至一般老百姓非得要陷溺在爭看脫衣舞，簽賭大家樂之中不可嗎？

當然，人物的栩栩如生與情節的精采，也是促使這一本故事動人的小說能夠成為傑出作品的原因。

附 錄：

試析「中國抒情傳統」與「文學美典」

── 兼評陳世驤與高友工的文學論

一、

1958 年 5、6 月，華裔美籍學者陳世驤（1912-1971）在台灣大學一連串發表了〈時間與節律在中國詩中的示意作用〉、〈試論中國詩原始觀念的形成〉、〈中國詩之分析與鑑賞示例〉等三篇演講文，運用西洋文學批評分析中國古典詩的文字意涵與聲音技巧，以及與詩內情感的關係；因方法新穎、析論細膩而讓人耳目一新。1971 年，他在《淡江評論》發表〈中國的抒情傳統〉一文，說：

> 中國古代文學創作的批評和對美學的關注，完全拿抒情詩為主要對象。他們注意的是詩的音質，情感的流露，…中國的「古典詩」以「抒情」為主。[1]

---

1 陳世驤：〈中國的抒情傳統〉。原作為英文論文，發表於 *Tamkang Review*（淡江評論），2.2/3.1（1971,10；1972,04）。後由楊銘塗譯為中文，收於《陳世驤文存》。台北：志文出版社，1972，頁 32。

然後再泛述《詩經》、楚辭、漢賦、樂府、戲曲、元小說、明傳奇等文類的特色,最後宣稱:「(中國)『所有的』文學傳統『統統』是抒情傳統。」[2]這便是陳世驤聞名於台灣中文學界的「中國抒情傳統論」。

不過,使「中國抒情傳統」成為台灣中文學界焦點論題的人卻是另一位華裔美籍學者高友工(1929-)。他於 1978年回台灣大學客座後,將他有關中國文學的「美學研究」心得陸續發表出來;因觀點新穎、體系龐大而引發媒體所渲染的「高友工震盪」。他在發表於《中外文學》的論文裡說:

> 「抒情」這個觀念不只是專指某一詩體、文體,也不限於某一主題、題素,廣義的定義涵蓋了整個文化史某一些人(可能同屬於一背景、階層、社會、時代)的「意識形態」,…作為一種「理想」、作為一種「體類」,抒情傳統應該有一個大的理論架構,而能在大部分的文化中發現有類似的傳統。[3]

據此,「抒情」並不只限於「詩」或「文」等一種文體,而是涵蓋了「各種文體」的「主題」、「題素」,甚至「整個文化史」上的「某些人」(指:文藝作家、批評家、理論家)的「意識形態」。為了使論述更具體,他進而提出「抒

---

2 同前註,頁 33。
3 高友工:〈文學研究的美學問題,下:經驗材料的意義與解釋〉,原載《中外文學》,1979,5。後收於氏著《中國美典與文學研究論集》。台北市:台灣大學出版中心,2004,頁 95。

情」的「傳統」有「廣義的定義」，即「（文學、文藝）理論架構」。[4]

　　高友工這一「抒情傳統論」發表之後，旋即在台灣中文學界引發一股闡述的風潮。闡述者從不同的角度出發，或爬梳中國文學史中抒情類作品的內容與表達方式，或援引中、外文學理論來分析中國文學美學的各種特色。在這類論述中，知名的「著作」依時間順序至少可羅列如下：1982年，蔡英俊彙編的《抒情的境界》（台北：聯經出版公司）與《意象的流變》（台北：聯經出版公司）兩本論文集；1983年，柯慶明的《文學美綜論》（台北：長安出版社）；1989年，呂正惠的《抒情傳統與政治現實》（台北：大安出版社）；1992年，張淑香的《抒情傳統的省思與探索》（台北：大安出版社）；…等等。

　　自千禧年尾開始，「中國抒情傳統論」更成為各地中文學界的熱門課題，以出版專著為例，1999年有任教於新加坡的蕭馳出版《中國抒情傳統》（台北：允晨文化公司）、2003年出版《抒情傳統與中國思想 —— 王夫之詩歌學》（上海：上海古籍出版社），並與柯慶明於2009年合編兩冊《中國抒情傳統的再發現》（台北：台灣大學出版中心）；2006年，柯慶明出版《中國文學的美感》（台北：麥田出版社）；2009年，中國大陸也有徐承出版《高友工與中國抒情傳統》（北京：中國社會科學出版社）；2010年與2011年，任教於美國的王德威也於兩岸分別出版《抒情傳統與中國現代性：在

---

4 高友工的論述，本文在第四節會有比較詳細的說明。

北大的八堂課》（北京：三聯書店出版）與《現代抒情傳統
四論》（台北：台灣大學出版中心出版）；2007 年與 2013
年，任教於香港的陳國球也出版了《情迷家園》（上海書店
出版）與《抒情中國論》（香港：三聯書店出版）。大致說
來，這些論著都各有立足點，也各有見地；但更值得注意的
是在「中國抒情傳統」的「研究對象」與「研究範圍」上，
已與此前的研究不同：「研究對象」已從探尋「中國抒情傳
統」的真正內涵，轉變成「現代學者」對「中國抒情傳統」
的「各自論述」；「研究範圍」也把考察的時間從陳世驤與
高友工上溯到清末的王國維（1877-1927）、陳獨秀
（1879-1942）、魯迅（1881-1936）、周作人（1885-1967）、
郭沫若（1892-1978）、宗白華（1897-1986）、朱光潛
（1897-1986）、朱自清（1898-1948）、聞一多（1899-1946）、
沈從文（1902-1988）、梁宗岱（1903-1983）等人。不過，
筆者認為最客觀的論點應是：現代學者對「中國抒情傳統」
的解釋，只能算是在「現代的語境」下所提出的個人闡述，
所以和這一術語在「中國文學與文化史」中的實際情況已然
不同。[5]

二、

　　中國綿延數千年的「文化」當然是人類史上的重大成就
之一。「文學」雖然只是「文化」的一部分，但若要在其內

---

5 請見王德威：〈有情的歷史〉，收於其《現代抒情傳統四論》的第一章。
　台北：台大出版中心，2011，頁 1-83。

享有「傳統」之名，則在該領域內頗具重要性應是必要條件之一；例如「中國抒情傳統」一詞即表示「抒情」在「中國文學」領域裡十分重要。然而，「抒情」的內涵既豐富，性質也複雜，因此很難有簡明的答案；但卻不能因此即漠視其重要性，尤其對外國人而言，「它」往往是能夠快速認識此一「傳統」的捷徑。而正是此原因，「中國抒情傳統」乃成為外國學者特別關心與深感興趣的對象，而常出現於不同文學傳統間的「比較研究」領域，或從「異國」的視角來考察中國文學特色的研究裡；譬如日本的中國文學專家吉川幸次郎，便將「中國文學的特質」描述為「以抒情文學為主」。[6]

　　事實上，「中國抒情傳統」這一命題的起源地既非台灣，時間也早於二十世紀七〇年代。它之所以出現，與中國自十九世紀中期以來的不堪遭遇息息相關。西方科技興盛後，歐洲列強便以武力為後盾，掠奪全球各地的資源以為己用。自清朝末年開始，中國也成為主要的受害者，不僅資源與財富被壓榨殆盡，連國家命脈也危在旦夕。在這一趨勢下，西方文明也以世界文明的標竿自居，而「中國文學」便在中、西比較之下，因沒有出現過西方文學裡被稱為偉大文類的「史詩」與「悲劇」而被譏為落後。不幸的是，連當時的大學者如梁啟超（1873-1929）、王國維、錢鍾書（1910-1998）等，竟然也認同此一觀點。例如梁啟超在 1903 年的〈小說叢話〉裡便說：

6　連清吉：《日本京都中國學與東亞文化》。台北：學生書局，2010，頁 136。

> 泰西詩家之詩，一詩動輒數萬言，…而中國之詩，最
> 長者如〈孔雀東南飛〉…罕過二、三千言。…吾昔與
> 黃公度論詩，謂即此可見吾東方文學家才力薄弱，視
> 西哲不慚色矣！[7]

王國維在 1904 年的〈教育偶感〉一文中也說：

> 我國之大文學家有足以代表全國民之精神如希臘之
> 鄂謨爾（即荷馬）、英之狹士丕爾（即莎士比亞）、
> 德之格代（即歌德）者乎？吾不能答也。其所以不能
> 答者，殆無其人歟？…我國之文學不如泰西，…無可
> 諱也。[8]

甚至到了 1935 年，錢鍾書還在〈中國古典戲劇中的悲劇〉
裡維持同樣的觀點：

> 悲劇自然是最高形式的戲劇，但恰好在這方面，我國
> 的古代戲劇作家卻無一成功。[9]

不過，即使是在這一中國人的自信心幾已崩潰的情況
下，仍有一些甚具洞見的學者努力地從專業的角度來回應這

---

7 梁啟超：《新小說》，7 號，1903。
8 王國維：〈教育偶感〉，原收於《教育世界》，73 號。1904.04。後其《靜安文集》第五冊。台北：文華出版公司，1979，頁 1761。
9 錢鍾書：〈中國古典戲劇中的悲劇〉，收於《中外比較文學的里程碑》。人民文學，1997，頁 319。

一含有強烈偏見的評價。譬如聞一多在 1943 年的〈文學的歷史動向〉一文中便寫道：

> 印度、希臘，是在歌中講著故事，他們那歌是比較近乎小說、戲劇性質的，而且篇幅都很長。而中國、以色列，都唱著以人生和宗教為主題的較短的抒情詩。[10]

而陳世驤也在 1971 年的〈中國的抒情傳統〉一文中說：

> 中國文學的榮耀並不在史詩；它的光榮在別處，在抒情的傳統裡。[11]

據此，以「詩」為主的「中國抒情傳統」乃是在這一趨勢下被標榜出來的命題。不過，重視自己國家尊嚴的學者所選擇的回應方式並不相同，有人努力地挖掘中國文學與西方文學的不同特色，有人則嘗試建構獨立自主，且能與西方媲美的文學體系；而如果以台灣中文學界的表現來看，前者應以陳世驤所提出的「抒情傳統」最有名，後者則以高友工所提的「理論架構」最具影響力。

---

10 此文引自孫黨伯、袁謇政主編的《聞一多全集》，第十卷。湖北：湖北人民出版社，1993，頁 16。

11 同註 1。

三、

　　在中國文學史裡，不僅作家多如過江之鯽，作品的形體也繁複多變，內容更是包羅萬象。「抒情」既為「中國抒情傳統」一詞的主體，則「它」是否「長期都有豐碩的成果」應是「中國抒情傳統」能否成立的主要條件之一。

　　自範圍比較大的中國「文學」史而言，「抒情」與「敘事」、「載道」等文學術語的造詞方式都相同，即兼括了「使用某種創作方式」（即：抒、敘、載），來完成「某類內涵」（即：情、事、道）。而若我們將範圍縮小至「文學」內的「詩歌」文類上，也有若干與「抒情」的造語方式相同的術語，如「言志」、「詠懷」等。因此，我們應可提出這樣的問題：在中國「文學史」裡是否也有「敘事傳統」或「載道傳統」？中國「詩歌史」上是否也有與「抒情傳統」近似的「言志傳統」或「詠懷傳統」？而台灣中文學界只探討「中國抒情傳統」，是否認為「敘事」、「載道」、「言志」或「詠懷」等作品的成就尚不足以成為「傳統」？此外，更令人疑惑的是：台灣中文學界數十年來在此一課題上的研究為何未能將「中國抒情傳統」的內涵說明清楚？反而使「抒情」的意涵更加模糊？「抒情」之意不就是「抒發情感」？在文學領域裡屬「作者的創作」！但台灣這類研究的範圍上除了包含原本的「作者的創作」外，為何也將「讀者的閱讀與批評」涵蓋在內？

　　會出現前述現象的原因固然很多，但論述含有強烈的現

代性觀點，以及研究方法過於偏向西方理論兩項，應扮演著非常關鍵的腳色。只是，這樣的論述合乎「中國抒情傳統」這一命題的中文原意嗎？

在詞意上，「中國抒情傳統」作為研究課題，其主體乃是「抒情」一詞，而其根本更在「情」字。我們雖然可以和多數研究者一樣，從「文字學」的角度來單獨考察這個字的原始意涵，但因「文字」或「語言」的使用目的，在希望有效地呈現它「被使用時」的意涵，因此，「情」字應該真正被關注的是它「被用來表達時」的意思如何，也就是它被放在意思完整的句子中，或句中含意明確的詞語裡時，它的意思到底是甚麼？因此，從「書籍文獻」來考察「它被使用時的意涵」應該比「它被創造出來時的原始意思如何」來得重要。同時，既然要將它稱為「中國」的一種「傳統」，那麼，它在整個中國文學史上所含有的各種不同意涵應該也是必須說明的。基於此，底下便依時代順序為軸，將「情」字在歷代的主要意涵稍作爬梳。

（一）「情」：真實的情況

中國最古老的書籍《尚書·康誥》裡有「天畏棐忱，民情大可見，小人難保。」這段文字，因其中的「民情」為「人民的實際情況」之意，所以「情」當是「真實的情況」。事實上，早期的典籍如《左傳·襄公十八年》裡的「吾知子，敢匿情乎？」《論語·子路》裡的「上好禮，則民莫敢不敬；上好義，則民莫敢不服；上好信；則民莫敢不用情。」等，其中的「情」字也都是指「真實的情況」。

（二）「情」：人類內心的情感

到了戰國時代，「情」字則有被用來表示「人類內心的情感」的情形，如楚國大夫屈原（340-278B.C.）的〈離騷〉裡有「懷朕情而不發兮，余焉能忍此終古？」《九歌・思美人》也有「申旦以舒中情兮，志沉菀而莫達。」之句，其中的「情」都是指一種包括「忠誠」、「焦慮」、「失望」在內的情感；而因它含有「真實」和「強烈」等特質，所以會使人產生把它「舒發」出來的渴望。

（三）「情」的內涵：好、惡、喜、怒、哀、樂

稍晚於屈原的荀子（313-238B.C.）在《荀子・正名》裡說：「生之所以然者，謂之性。…性之好、惡、喜、怒、哀、樂，謂之情。」在《荀子・性惡》裡又說：「若夫目好色，耳好聲，口好味，心好利，骨體膚理好愉佚，是皆生於人之情性者也。」可見他認為「性」乃人類天生即擁有的本性；而當它用「好、惡、喜、怒、哀、樂」等不同「方式」來呈現時，則稱為「情」！

不過，因《左傳・昭公二十五年》裡記載有子產所說的下一段話：

> 民有好、惡、喜、怒、哀、樂，生於六氣。是故審則宜類，以制六志：哀有哭泣，樂有歌聲，怒有戰鬥；喜生於好，怒生於惡。是故審行信令，禍福賞罰，以制生死。生，好物也；死，惡物也。好物，樂也；惡

物，哀也。哀樂不失，乃能協於天地之性，是以長久。

可見「情」和「氣」、「志」、「性」等字具有密不可分的關係，而且都是指「人類內心的情感」。

（四）「情」與「詩」的關係

漢朝時的《詩大序》有「詩者，志之所之也，在心為志，發言為詩。情動於中而形於言；…。」一段文字，而其中的「心」、「志」、「言」、「詩」等四字則含有由內心到詩歌的表達順序。不過，若將「情動於中而形於言」與「在心為志，發言為詩」相對照，則「情」的內涵似乎等於「心」和「志」的總和。

（五）「情」與「性」合成「性情」一詞

根據董仲舒（179-104A.D.）的《春秋繁露·蔘察名號》：「身之有性情也，若天之有陰陽也。」之句，「情」字係指人類內心的特質，但須與「性」合成「性情」一詞，因兩者的關係如同「陰陽」般密切且相輔相成。

（六）「情」藉「辭」抒發為「詩」、「賦」、「文」

晉朝時的摯虞（250-300）在他綜論文章流派的〈文章流別論〉裡說：

> 賦者，敷陳之稱，古詩之流也。古之作詩者，發乎情，止乎禮義。情之發，因辭以行之；禮義之旨，須事以

明之。（《藝文類聚》，卷 56）

其中的「情」仍是指內心的活動，但他近一步強調可以用「辭」把「情」抒發出來而成「詩」與「賦」。不過，必須用「禮義」來節制（止）它。事實上，約略同時的陸雲（262-303）在他的〈與兄平原書〉中也說：

往日論文，先「辭」而後「情」，尚潔而不取悅澤。嘗憶兄道：「張公（指張華）父子論文，實自欲得。」今日便宗其言。

他表示原先在討論「文」的時候，本認為「辭」比「情」重要，後來因回憶起兄長陸機（261-303）曾提到提拔他們的長官張華（232-300）有「實自欲得」的觀念，才轉而主張「情」比「辭」重要。而可能也是這個觀念，使陸機在他的名作〈文賦〉裡提出：「詩緣情而綺靡」的主張，亦即強調「詩」必須同時「兼重」詩人內心的「情真」與「辭綺」的表達方式。

（七）「情」與「心」、「神」、「意」、「物」、「辭」的關係

南北朝時的文學理論家劉勰（465-520）在《文心雕龍‧物色》中說：「物色之動，心亦搖焉。…情以物遷，辭以情發。」提出了「物」→「心、情」→「辭」的「創作過程」觀。《文心雕龍‧神思》也有「夫神思方運，萬途競萌。…登山則情滿於山，觀海則意溢於海。」等數句，其中的「意」、

「神」也是內心之中與創作有關的元素。只不過到底「情」
與「心」、「神」、「意」三者的關係如何，劉勰並未說明
清楚。

（八）「情」有「喜、怒、哀、懼、愛、惡、欲」
七種形式；因會破壞「人」的「性」，所以可評為「邪」
與「妄」，而需以「禮樂」來「節制」與「調和」

　　自南朝的齊、梁之後，因過度重視「作品」的「形式」
與「文辭」，而使「巧構與形似」成為文學主流；「作品」
內的「情」也被忽略了。唐朝時，雖有王昌齡（約 698-757）
在《詩格》裡提出詩有「情境」與「意境」，以及白居易（772-846）
在〈與元九書〉裡說的：「詩者，根情，苗言，華聲，實義。」
強調「情」對「詩」類作品的重要，但在「文」類的範疇裡，
「情」卻成為必須排斥的元素。譬如韓愈（768-824）的學生
李翺（774-836）在〈復性書‧中〉裡說：「情本邪也、妄也。」
直接挑明「情」是「邪」的、「妄」的，因為「人之所以為
聖人者，性也；人之所以惑其性者，情也。喜、怒、哀、懼、
愛、惡、欲七者，皆情之所為也。」（復性書‧上）「情」
與「性」因此是對立的。但在〈復性書‧中〉，李翺提出了
具體的應對方法，就是可以「制禮以節之，作樂以和之」。
　　宋朝時，雖也有人主張「詩者，吟詠性情也。」（嚴羽
《滄浪詩話》）但「反情」也擁有強大的聲勢；譬如邵雍
（1011-1077）在〈觀物〉篇說：「以物觀物，性也；以我觀
物，情也。性公而明，情偏而暗。」在〈觀物外篇〉又說：
「任我則情，情則蔽，蔽則昏矣。因物則性，性則神，神則

明矣。」也是把「情」與「性」對立起來，而以「我、偏、暗、蔽、昏」等負面詞語來描述「有情」的狀態。此外，大儒朱熹（1130-1200）在〈答徐景光書〉裡也說：「存心以養性，而節其情。」理學家程顥（1032-1085）也在〈答橫渠先生定性書〉裡說：「人之情各有所蔽，故不能適道，大率患在於自私而用智。」他們都認為「情」不但有蔽，而且自私，所以不能任其發抒，而須以「養性」等方式來「節制」它。

（九）「情」即「人心」，位階低於「道」與「性」

明、清之交的王夫之（1619-1692）在《薑齋詩話‧卷一》裡雖然曾經從純粹描述特色、避免價值判斷的角度，以「情、景雖有在心、在物之分，而景生情，情生景，哀樂之融，榮悴之迎，互為其宅。」的觀念，宣稱「情景交融」為「詩歌」的美好境界。但在《讀四書大全說》裡，他卻說：「性，道心也；情，人心也。惻隱、羞惡、辭讓、是非，道心也；喜、怒、哀、樂，人心也。」用「道心：惻隱、羞惡、辭讓、是非」及「人心：喜、怒、哀、樂」將「性」與「情」區分為兩類對立的內心活動；因前者的內涵全屬正面，而後者則只顧自己，兩者的地位乃判然分明。

（十）「情」兼具「善與惡、美與醜」

梁啟超（1873-1929）於 1921 年在清華大學演講的〈中國韻文裏頭所表現的情感〉一文裡便說：

情感的作用固然是神聖，但它的本質不能說都是善

的，都是美的。他也有很惡的方面，他也有很醜的方
面。⋯情感教育的目的，不外將情感善的、美的方面
盡量發揮，把那惡的醜的方面方面漸漸壓低淘汰。這
種功夫做得一分，便是人類一分的進步。[12]

他明白指出，「情」兼有「善與惡、美與醜」等不同的
性質。

以上所引的文獻資料雖然只是中國文學史裡的一小部
分，但「情」字的意涵與流變已大致可見：早期原指「事實」，
稍後才有「內心活動」之意；接著又與「志」、「氣」、「性」、
「心」、「意」、「神」等涵義並不全同的字或合用或換用，
來表達或同或異的意思。因此，「它」顯然不等於「人的內
心世界」。若再加上它曾於頗長的時間裡被賦予「負面」的
評價，須加以「節制」、「調和」，甚至「消滅」，則「中
國抒情傳統」一詞又如何可視為中國文學的「光榮」？

此外，從中國的「詩歌」含有「可以興、觀、群、怨」
等四大功能來看，「情」字最多只與「興、怨」有關。同時，
若以中國詩史上最具影響力的論述：「詩者，志之所之也，
在心為志，發言為詩。情動於中而形於言，⋯。」（《詩・
大序》）而言，「詩言志」應是詩史上最具影響力的「傳統」。
因為自漢朝的武帝「獨尊儒術」之後，《詩經》成為「五經」
之一，詩歌的價值此後即以是否合乎儒家學說中的「志」之
涵義為判準；而「志」的內涵，則是由儒家的「至聖」與「亞

---

12 收於《梁啟超古典文學論著》，上海書店，2013。

聖」所確立的。根據《論語・公冶長》篇，孔子問其弟子子路與顏淵：「盍各言爾志？」子路回答：「願車馬衣裘與朋友共，敝之而無憾。」顏淵則答：「願無伐善，無施勞。」最後，孔子則說：「老者安之，朋友信之，少者懷之。」是他的「志」。後來的孟子也在《孟子・滕文公，下》說：「居天下之廣居，立天下之正位，行天下之大道。得志，與民由之；不得志，獨行其道。富貴不能淫，貧賤不能移，威武不能屈，此之謂大丈夫。」於是，「志」的性質自此便完全確立，亦即：它是「大丈夫」必須擁有的立身處世原則：「得志」時「為民謀福」，若「不得志」，則應「獨行其道」。因漢朝之後的多數朝代都以儒術治國，而其官吏與文人又大都是儒家出身，所以在官吏兼詩人遍布中國詩歌史的情況下，不論是「得志」或「不得志」，「用詩言志」乃成為詩歌主流，並進而形成「言志傳統」。

四、

　　繼陳世驤在台灣提出論述流於疏闊的「中國抒情傳統」[13]後，高友工以體系性的論述繼續推廣此一命題，而在台灣中文學界引起巨大的迴響。因其內容涵蓋甚廣，很難以簡短的篇幅說明清楚，而本文也不以評論其內涵為目的，所以底下便以本文討論所需為著眼點，將高氏的「中國抒情傳統」理論勾勒如下，他說：

---

13 請參顏崑陽〈從反思中國文學抒情美典之建構以論「詩美典」的多面向變遷與叢聚狀結構〉，收於《東華學報》，第 9 期，2006.09，頁 11-12。

> 抒情這個觀念不只是專指某一詩體、文體，也不限於
> 某一主題、題素。…作為一種「理想」，作為一種「體
> 類」，抒情傳統應該有一個大的理論架構。…（即）
> 以藝術媒介整體地表現個人的心境與人格的美學理
> 論。[14]

高氏顯然將「抒情傳統」定義為：以「個人」為範圍的「美學理論」，然而，這樣的說法與本文前面所勾勒的「中國文學史」中的「情或抒情」內涵其實並不相同。事實上，他的立論顯然帶有鮮明的「詮釋學」（Hermeneutics）與「符號學」（Semiotics）的特色，而尤其以下列三項觀點為他的理論體系的最重要支柱：

（一）「經驗」、「知識」與「再經驗」

高友工認為「經驗」是一個人進行創作或批評的起點，而其特色有二：一是兼括「作者」與「讀者」，二是包含「主觀的感性」與「客觀的知性」。當「經驗」被視為靜態的名詞時，係指「過去」的「經歷」被貯存於人的「意識」之中，而被稱為「記憶」；只是此「記憶」可以被融入人的「意識」裡而成為「知識」。但當「經驗」被當作動詞時，則是指「現在的自己」以已經擁有的「知識」為基，去「經歷」所面對

---

14 高友工：〈文學研究的美學問題，下：經驗材料的意義與解釋〉，原載
《中外文學》，（1979,5）。後收於氏著《中國美典與文學研究論集》。
台北：台灣大學出版中心，2004，頁 95-96。

的新事情，然後獲得新的感受與知識。換言之，「經驗」其實是一個包含了「刺激－感受－反應－判斷」等過程的心理活動。由於它以「過去的經驗」為基，所以高氏將它稱為「再經驗」。[15]

　　高有工這一論述中所提到的「經歷」、「經驗」與「記憶」、「意識」與「知識」等術語，凡熟悉西洋理論的學者應不難發現，它們的內涵與德國的「詮釋學」（Hermeneutics）裡的「前理解」（pre-understanding）實非常相近。至於「再經驗」的過程與結果，也與「詮釋學」裡的「視域融合」（the fusion of horizons）相類。據此而論，這種見解並不宜被視為創新之說。此外，因高氏的論述不但把「讀者」涵蓋近進去，而且認為其重要性與「作者」並無差別，這種解讀與「中國抒情傳統」中的「抒情」係指「詩人」（或「作者」）用「詩歌」來「抒發」自己的「情懷」顯然有別。

（二）「經驗材料」、「美感材料」與「美感經驗」

　　高友工指出，已經擁有的「過去經驗」因將成為「再經驗」的基礎，因此可將它稱為「經驗材料」。不過，當我們從「美學」的角度來描述這個「經驗材料」時，可以把它稱為「美感材料」。由於高氏認為構成「文學作品」的材料為「語言」，所以「文學作品」可稱為「語料」。他的論點是，「讀者」欣賞此一「語料」的活動就是「美感經驗」，而這種「美感經驗」的特色為：以一種能夠貫串「感覺」、「感

---

15 同上註，頁 22-43。

情」與「快感」三層次的「感性」為心理活動的軸心，去對「語料」進行「再一次的經驗」，也就是「再經驗」。「再經驗」的「功能」，在使「讀者」（或「欣賞者」）增加新的「知識」，並使他們的境界因而被提升。只不過若要讓「語料」產生「美感經驗」的效果，則必須具備三項條件：其一，擁有「創作者」與「欣賞者」所共同具有的「語言典式」；其二，含有藝術媒介的「可感性質」；其三，「創作者」與「欣賞者」必須同在一個「語境」裡面。[16]

　　高氏在這三個標題的論述中，「過去經驗」的內涵顯然與前述的德國「詮釋學」裡的「前理解」相同。而「可以產生美感經驗」的「語料」、或含有「可感性質」的「藝術媒介」兩者，其實就是指具有「美學效用」的「文學作品」，也因此，與俄國的「形式主義」（Formalism）所主張的「文學語言」（literary language）相似，這種語言與日常生活的語言不同，它可藉著讓人們感到陌生而重新恢復「感覺」，所以稱為「陌生化」（de-familiarization）的語言；也與美國的「新批評」（New Criticism）所強調的「文學作品」在「語言」上需含有特殊的性質（如「意象」）、精心的設計（如「有機結構」）與有效的功用（如「藝術性效果」）等觀點非常相像。至於「創作者」與「欣賞者」共同具有「語言典式」，而且兩者必須「同在一個語境」裡才能溝通的觀點，則與「符號學」（Semiotics）裡的「說話者」（addresser）

16 高友工：〈文學研究的美學問題，下：經驗材料的意義與解釋〉，收於氏著《中國美典與文學研究論集》。台北：台灣大學出版中心，2004，頁 43-102。

與「受話者」（addressee）必須以能夠「溝通」（即「解碼」
—— de-coding）為原則的說法頗為相近。據此，高氏的論述
實有兩大特色：其一，在範圍上涵蓋了「欣賞者」，故而與專
注於「作者」（特別指「詩人」）的「中國抒情傳統」有別。其
二，他所提出的論述似技巧地融合了多種西洋文學理論而成。

（三）「抒情美典」

高友工將「抒情傳統」解釋為「中國自有史以來以抒情
為主所形成的一個傳統」，同時，它不僅「體現了我們文化
中的一個意識形態或文化理想」，「透露了一套很具體的價
值體系，觸及了文化根本」，而且在「支脈密布的」中國文
化傳統中佔有「主流」的地位。接著，他再以「抒情美典」
為「抒情傳統論」的核心，將它解釋為雖蘊藏於「作品」之
內，卻能以「當下的自我經驗」為「作品的內容或主體」，
進而促使「欣賞者」把他對「作品的欣賞」加以具體化，並
使它傳承下去。然後，他更主張此一「美典」會以不同的「論
述」或「作品類型」呈現出來，譬如：先秦的樂論、漢魏六
朝的文論、唐朝的詩法與書論、宋朝的畫論等；其中，則以
形成於唐朝的「律詩」最具典範性。

高氏這種「作者－作品－讀者」的理論架構既將「讀者」
涵蓋在內，如前所論，當然已超出「作者抒情」的範圍之外。
而他以此為基所提出的：「美典」會以不同的「論述」或「作
品類型」呈現出來之說，更有混淆了在「美學性質」與「美
學效用」上均有甚大差別的「文學」與「藝術」之異，譬如
說，以「語言」或「文字」為表達媒介的「文學作品」，其

了解與欣賞的方式是以「時間」為基礎的，而「繪畫」與「雕刻」等「藝術」，則是建基於「空間」之上的；又如，同屬「文學」領域中的「詩歌」，講究的「意象的生動」與「聲音的悅耳」，而「小說」則更重視「故事的吸引人」與「情節的錯綜」等。顯然，高氏有忽略不同的「文類或文體」具有不同的性質與標準的事實。據此，「抒情美典」的論述雖有涵蓋面寬廣的優點，卻也因此而產生過於含混籠統，以至於減損參考和運用的價值。

五、結　語

　　「中國抒情傳統」會成為二十世紀以來中文學界的重要命題，乃是因為在清末民初之際，懷有中國主體性觀念的學者為了強調中國文學也有自己的傳統，不應被評為比西方文學低劣的觀點而提出的。這項一課題，台灣的中文學界也於二十世紀七〇年代由陳世驤提出，而在八〇年代被高友工推到高峰。由於較具影響力的高友工所提出的實為「美學理論」，卻硬把它與「中國抒情傳統」連繫起來，致使兩個內涵明顯有別的術語乃混淆不分。高友工的「美學理論」雖也觸及「作者的創作」，但細讀其論述，卻顯然更重視「欣賞者欣賞作品」的過程與結果，以至於超出「抒情」的範圍。此外，高友工的論述還把「文學」領域之外的「書法、繪畫、音樂」等「藝術」都包籠進去，這些都顯示出高友工的「中國抒情傳統」與此一術語在中文上的意涵其實是不同的。

　　在高友工之後，台灣中文學界的同好因對「中國抒情傳

統」的理解有異，所以也出現了兩條不同的闡述路線：一是以「中國文學史」中真正屬於「抒情文學」類的作品為研究對象，而努力自其中挖掘出此類作品的共同特色者，例如呂正惠在《抒情傳統與政治現實》中，便將此類作品歸納出具有「感情本體主義的傾向」與「文字感性的重視」兩大共同特色。[17]二是將探索焦點集中到「文學美學」上，例如柯慶明在他的《文學美綜論》與《中國文學的美感》中，即細膩地析論中國古典文學裡的各種美學技巧與意涵。

　　自二十世紀九〇年代起，這一熱門課題的研究出現了更大的變化。在「被研究的對象」上，它已從探究「中國抒情傳統」的真正內涵，轉為「現代學者」在「現代語境」下對「中國抒情傳統」的「各自論述」。在「探討的時間範圍」上，它已偏向清末時期為主。至於在「參與討論者」上，則更擴大到包括亞洲、美洲與歐洲的學者了。這些現象，一方面反映出這一課題的研究已不再是為了回應以西方文學為立論基準的偏見，因而努力地證明中國也有自己的文學傳統－抒情；另一方面，它也凸顯出現代學者在文學研究上的特色之一，就是常兼有現代性、跨文類性與國際性等特色。

　　（此文為本書第二篇〈台灣的「中國抒情傳統論」評析〉的初稿，一因題目有針對性之嫌，二因在「抒情」的解釋方式上可與第二篇互相參考，故輯為附錄）

---

17 呂正惠：〈中國文學形式與抒情傳統〉，收於氏著《抒情傳統與政治現實》。台北：大安出版社，1989，頁 203。